나도 건물주가 될 수 있다

부자의 언어,
부동산

부자의 언어,
부동산

펴 낸 날   2025년 02월 26일

지 은 이   이제성
펴 낸 이   이기성
기획편집   서해주, 이지희, 김정훈
표지디자인 서해주
책임마케팅 강보현, 이수영
펴 낸 곳   도서출판 생각나눔
출판등록   제 2018-000288호
주   소   경기도 고양시 덕양구 청초로 66, 덕은리버워크 B동 1708호, 1709호
전   화   02-325-5100
팩   스   02-325-5101
홈페이지   www.생각나눔.kr
이 메 일   bookmain@think-book.com

• 책값은 표지 뒷면에 표기되어 있습니다.
  ISBN 979-11-7048-848-4 (03320)

나도 건물주가 될 수 있다

부자의 언어, 부동산

이제성 지음

생각나눔

서 문

『부자의 언어, 부동산(나도 건물주가 될 수가 있다)』
이 책이 나온 배경은 많은 고객과의 상담에서
부동산으로 부자가 된 이야기,
강남에서 분당으로 이사를 와서 후회한 이야기,
부동산으로 노후 준비를 한 이야기,
주식 투자로 큰돈을 잃은 이야기 등
우리 시대의 이야기와 저자의 경험이 녹아 있습니다.
그래서 실감 나게 다가올 것입니다.
그런 면에서 이번 책의 저자는 저자와 고객의 공저입니다.
살아보니까 잘하신 일은 무엇입니까?
돈을 버신 어르신과 고객의 대부분이
부동산으로 돈을 번 것을 꼽았습니다.
부동산으로 번 돈으로 자녀 교육도 시키고, 재산도 모았고,
또 노후 준비를 잘하였다는 이야기를 들으면서
저자의 직업에 자부심과 사명감을 느꼈습니다.

특히 100세 장수 시대에 월세로 행복하게

노후 생활을 하고 있다는 어르신을 보면서

월세의 소중함을 더욱 크게 느꼈습니다.

혹시 월세 받는 부동산을 팔 계획이 있는지요?

여쭤보면 팔긴 왜 팔아!

내 월급이고 목숨 줄인데….

더 많은 사람에게 부동산으로 부자 만들고,

월세로 준비하는 행복한 노후 생활뿐만 아니라

소액으로 시작하는 빌딩주의 꿈을 심어주고자

저의 경험을 녹여 살아있는 이야기로 책을 만들고자 노력하였습니다.

부동산으로 돈을 버는 비결은

1. 좋은 입지의 부동산을 선택하는 안목,

2. 대출을 잘 활용하는 대출에 관한 인식,

3. 주변의 반대를 극복하는 용기,

4. 마지막으로 저렴하게 부동산을 구입하는 것입니다.

그럼 부동산을 저렴하게 구입할 수 있는 비결은 무엇일까요?

1. 무조건 일찍 구입한다

　　– 동일한 부동산을 가장 일찍 구입하는 것은 분양입니다.

　　– 분양은 앞으로 오를 부동산을 푼돈으로

　　　오늘 할인하여 사는 것입니다.

2. 불경기에 구입한다

　　– 불경기 중에서도 건설 회사의 부도 소식은

　　　부동산 투자의 최적의 시기입니다.

　　– 건설 회사의 부도는 건설 회사에게는 슬픈 소식이지만, 부동

　　　산을 보유하거나 투자한 사람에게는 최고의 호재입니다.

이는 향후 공급 절벽을 불러와 가격 폭등의 원인이 됩니다.

저자는 이런 꿈을 꿉니다.

저자의 책이 집집이 소장되고, 책꽂이마다 눈에 띄어

누구나 부자가 되는 데 일조하고 싶습니다.

이 책이 나오기까지 감사한 사람이 있습니다.

상담한 많은 고객님 감사합니다.

저자의 말을 믿고 투자한 고객님,

자자손손 번창하기를 축복 드립니다.

돈이 없어서, 용기가 없어서, 기타 여러 가지 이유로

거절한 고객님, 감사합니다.

덕분에 더 분발하였습니다.

많은 사람에게 감사한 마음이 있지만,

특히 고마운 사람에게 감사한 마음을 전합니다.

하이엔드디앤씨 최서정 대표님, 하정빈 본부장님, 이용찬 팀장님,

그리고 함께 합심하여 일하고 있는 동료에게도

감사한 마음을 전합니다.

이 책이 나오기까지 수고한 생각나눔 이기성 대표님,

김성욱 팀장님, 서해주 대리님,

표지 그림 사용을 허락한 정담 김영희 선생님,

인생의 삼총사인 송영규 형님, 김종면 형님,
특히 감사한 마음을 전합니다.
늘 고맙고 미안한 딸 미소와 아들 창준에게
고마운 마음과 미안한 마음을 더하여
무슨 일을 하든지 행운이 함께하기를 축복한다. 사랑한다.

이 책으로 독자가
부자가 되기를 축복합니다.
노후가 행복하길 축복합니다.
건물주가 되기를 축복합니다.

contents

부동산이 주는
상과 벌

만일 내가 부자라면

그것은 부동산에 관심을 가진 상이며,

부동산 공부를 한 상이며,

부동산을 찾는 노력인 발품을 판 상이며,

있는 돈과 없는 돈을 부동산에 투자한 나의 용기에 대한 상이며,

종잣돈을 만들기 위해 오랜 시간 감내한 고통에 대한 상이다.

만일 내가 부자로 살고 싶다면 부자처럼 생각하고,

부자처럼 말하고, 부자처럼 행동해야 한다.

그것이 부동산이다.

왜냐하면, 부동산은 부자의 언어이기 때문이다.

만일 내가 가난하다면

그것은 내가 부동산에 무관심한 대가로 받는 벌이다.

대한민국 부는 부동산에서 나온 것을 알지 못한 벌이며,

대한민국 부는 부동산에서 나온 것을 알면서도

관심을 두지 않는 벌이며,

대한민국 부는 부동산에서 나온 것을 외면한 벌이다.

그리고 부동산 투자로 돈을 버는 쉬운 방법 대신

어렵고 힘든 방법으로

돈을 벌고자 시도한 많은 실패에 대한 벌이다.

부동산이 주는 상과 벌은 본인이 선택한 결과이다.

부동산(땅)은 하나님의
축복이자 선물입니다

유대 민족이 애굽에서 탈출하여, 젖과 꿀이 흐르는 축복의 땅,
가나안에 정착하였습니다.

하나님께서 하신 첫 번째가 유대 민족에게 땅을 선물로

공평하게 분배(나누어 주는)하는 일이었습니다.

축복과 선물도 지켜야 의미가 있습니다.

유대 민족은 하나님의 선물을 지키지 못하여

2천 년간 세계 각국을 떠돌아다녔습니다.

아무리 좋은 축복과 선물도 지키지 못하면 허망한 것입니다.

알래스카 부동산(땅)을 판 소련은 망하였고,

알래스카 부동산(땅)을 산 미국은 흥하였습니다.

비단 나라(국가)뿐만 아니라 부동산(땅)을 팔아 성공한 사람보다

부동산(땅)을 팔아 실패한 사람이 훨씬 많습니다.

많은 사람이 돈을 벌기 위해 사업 등 여러 가지 이유로

부동산(땅)을 처분하였지만, 남는 것은 빚만 남았고,

없앤 것은 황금알을 낳는 부동산(땅)입니다.

지금도 자녀에게 부동산(땅)을 처분한 것에 대한

원망을 듣고 있는 사람이 많습니다.

부동산(땅)은 쉽게 파는 것이 아닙니다.

더 좋은 곳으로 가기 위한 것이 아니라면

부동산(땅)은 지켜야 합니다.

왜냐하면, 부동산(땅)은 스스로 돈을 생산하는 기계이기 때문입니다.

지구 상에 존재하는 다른 어떤 재산보다

재산 증식이 뛰어난 재산이 바로 부동산(땅)입니다.

그래서 부동산은 하나님의 축복입니다.

그래서 부동산은 하나님의 선물입니다.

과거에는 식량을 생산하는 땅이 부동산의 전부였지만,

지금은 사람이 밀집한 도시 건물이 부동산의 대세입니다.

그래서 아파트를 포함하여 부동산(땅)이라고 표시하였습니다.

부자의 언어,
부동산

부동산은 부자의 언어입니다.

부동산 없는 부자는 없습니다.

가난한 사람은 부동산이 거의 없습니다.

그래서 우리는 부자가 되기 위해서

먼저 부자의 전유물인 부동산에 관심을 갖는 것입니다.

다음에는 부동산 공부를 해야 합니다.

그다음에는 공부한 내용을 적용할 부동산을 찾는 과정인

발품을 파는 것입니다.

부동산 투자의 마지막은 용기를 내어 투자하는 것입니다.

왜 마지막은 용기를 내어 투자해야 하는 것일까요?

저축은 우리를 가난에서 벗어나게는 하지만

오르는 물가 때문에 저축만으로 부동산 투자를 못 합니다.

부동산 투자는 특별한 경우를 제외하고는

대출을 반드시 활용해야 합니다.

그래서 부동산 투자의 방점은 용기인 것입니다.

다시 말하면,

부동산은 돈만 있다고 투자가 가능한 것은 아닙니다.

부동산 투자는 큰돈이 필요로 하기에

부족한 자금은 대출을 활용합니다.

또 대출에는 용기가 필요합니다.

용기는 공부가 되어야 가능합니다.

그것도 아니라면 믿을 수 있는 전문가가 필요합니다.

부자가 되고자 하는 사람이 부동산의 주인공이 되는 것입니다.

우리의 삶을 되돌아본다면

과거에 우리가 샀어야 했는데, 여러 가지 이유로 투자를 못 하여,

후회하는 부동산이 있을 것입니다.

시간이 지나고 보면 사지 못한 이유는 기억에 없고,

후회만 남아 있을 것입니다.

이것이 나를 부자로 만들지 못한 이유입니다.

만일 그 당시로 되돌아가도 내 수중에 있는 돈과 비교하면

여전히 부동산은 비쌉니다.

지금의 관점에서 본다면 거의 공짜 수준인 부동산을

왜 사지 못했는지 후회만 남는 것이 부동산입니다.

과거에 그런 부동산을 놓친 사람은

지금도 그런 부동산을 놓치는 사람이 대부분입니다.

그런 사람을 우리는 서민이라고 부릅니다.

가난한 사람입니다.

부동산은 용기를 낸 사람만이 주인공이 됩니다.

용기를 낸 사람은 부자가 될 가능성이

용기를 안 낸 사람보다 훨씬 많습니다.

만일 신이 우리를 과거로 돌려보낸다면

많은 사람은 부동산에 투자하겠다고 말을 합니다.

오늘이 바로 과거의 그날입니다.

어차피 시간은 흘러가고 미래의 시점에서 본다면

오늘이 바로 내가 부동산에 투자하지 못하고

후회하는 바로 그날입니다.

과거의 후회를 반복해서 오늘 또 하게 되는 그날입니다.

그래서 우리는 부자가 되지 못하고,

서민이 되는 것입니다.

부자는 부동산을 많이 소유하고 있습니다.

지금도 부동산을 많이 소유하려고 합니다.

왜냐하면, 부동산은 부자의 언어이기 때문입니다.

부자의 언어, 부동산을 공부하기 위하여

부동산 입지를 검토하고, 그 지역을 공부합니다.

부동산의 승패는 입지가 좌우한다는 것을

누구보다도 잘 알기 때문입니다.

부자의 언어 부동산을 공부한 사람이

부자가 된 것이 대한민국입니다.

왜냐하면, 대한민국 부는 부동산에서 나왔기 때문입니다.

가난한 사람은 부동산이 없습니다.

부동산을 가지려고도 안 합니다.

부동산에 관한 공부도 안 합니다.

부동산에 관심도 없습니다.

그리고 일을 열심히 합니다.

희망을 품는 사람도 있지만

그냥 하루하루 열심히 일만 합니다.

그래서 계속 서민으로 남고,

가난한 사람으로 남습니다.

부동산은 또 다른 월급입니다.

부동산은 또 다른 연금입니다.

부동산은 또 다른 직장입니다.

부동산은 또 다른 직업입니다.

부동산은 또 다른 사업입니다.

부동산은 또 다른 계급입니다.

이것을 먼저 안 사람은 부자가 되었습니다.

그래서 부동산에 관심을 가져야 하는 것이고
공부를 하여야 하는 것입니다.
부동산 공부를 하다 보면 돈은 저절로 따라옵니다.
부동산은 부자의 언어입니다.
부자의 언어 부동산으로
부자가 되길 진심으로 축복합니다.

부의 길

오늘도 돈의 가치는 하락하고, 오늘도 물가는 오릅니다.

이것을 인플레이션이라고 합니다.

가치가 하락하는 돈으로 오르는 물가를 잡지 못한다면

우리가 가진 돈의 가치는 증발합니다.

심한 경우, 부가 사라집니다.

가장 대표적인 말이 벼락 거지입니다.

예를 들면, 지금 서울 아파트 가격 평균은 10억 정도 합니다.

불과 얼마 전에는 5억 정도 하였습니다.

그 이전에는 1억 정도 하였습니다.

그 이전에는 천만 원 정도 하였습니다.

그 이전에는 백만 원 정도 하였습니다.

간송 전형필 선생께서 문화재를 회수할 때

서울 기와집 가격이 십만 원 정도 하였습니다.

불과 100년 동안의 부동산 역사입니다.

100년 동안 10만 배 오른 것이 서울의 부동산입니다.

부자가 되기 위해선 오늘도 가치가 하락하는 돈으로,

오늘도 가치가 오르는 자산으로 바꾸어야 합니다.

그중에 최고가 부동산입니다.

지금 내가 돈을 벌고 있을 때,

지금 내 수중에 돈이 있을 때,

지금 내 신용이 좋을 때,

가치가 하락하는 돈을 지불하여

가치가 상승하는 부동산으로 바꾸지 못한다면

후회하는 일이 반드시 올 것입니다.

대표적인 후회가 그때 배추밭 강남 땅을 구입했어야 했는데,

그때 압구정 현대아파트를 구입했어야 했는데,

그때 강남아파트를 구입했어야 했는데,

그때 서울 아파트를 구입했어야 했는데,

그때 분당 아파트를 구입했어야 했는데,

기타 수많은 후회가 남아 있을 것입니다.

이런 후회하는 사람은 반복적으로 또 후회할 것입니다.

용기를 내지 못한 것은 습관이기 때문에

같은 실수를 반복적으로 하는 것입니다.

지나고 보면 그때 사지 못한 이유는

생각나지 않고 후회만 남아 있을 것입니다.

만일 용기를 낸다면

오늘도 가치가 하락하는 돈으로

오늘도 물가를 뛰어넘는 부동산 투자로

내 자산을 늘릴 수가 있습니다.

그것은 가격이 오르는 부동산을 사면 됩니다.

더 좋은 것은 분양받는 것입니다.

분양은 부동산을 바로 사는 것보다 훨씬 적은 돈이 듭니다.

미래의 오르는 부동산을 현재 가격으로 할인하여

사는 효과가 있습니다.

분양가는 보통 가장 저렴합니다.

분양은 소유하고자 하는 부동산을 가장 빨리 구입하는 것입니다.

분양을 받을 위치와 분양받을 시기를 결정하는 것은

투자자의 안목에 따라 투자의 결과가 달라집니다.

학력보다 부동산(학)력이
부의 차이를 만든다

우리 세대는 좋은 대학에 가기 위하여 열심히 공부하였습니다.

좋은 대학은 좋은 일자리를 얻는 보증 수표와 같았습니다.

우리 자녀 역시 부모 세대와 마찬가지입니다.

우리 세대와 자녀 세대가 조금 다른 것이 있다면

우리 세대의 서울대학교가 주는 위치는

전국의 모든 대학교를 압도하는 최고였습니다.

그만큼 서울대학교가 차지한 위치는 절대적이었습니다.

지금도 서울대학교가 최고라는 것에는 변함이 없습니다.

다만 지금의 서울대학교는

전국의 모든 대학교 의과 대학 다음입니다.

서울대학교의 입지가 전국의 모든 의과 대학 다음으로

조금 하락된 것이 지금의 서울대학교라는 위치입니다.

우리 시대의 서울대학교가 주는 위치보다는 지금은 전국의 모든

대학교 의과 대학이 주는 위치를 현실적으로 더 선호합니다.

즉 의사의 위치가 서울대학교의 웬만한 학과가 가지는 위치보다

더 좋아지게 된 것입니다.

예전에는 학력이 성공의 척도가 되었기에

좋은 대학교에 가기 위해 열심히 공부하였던 것입니다.

지금은 의과 대학이 주는 현실이 더 중요하기에 예전에 서울대학

교 갈 학생도 지금은 의과 대학에 가기 위해 열심히 공부합니다.

그런데 살아보니 학력이 주는 부보다

더 많은 부를 결정한 것이 있었습니다.

그것은 바로 부동산(학)력이었습니다.

다시 말하면 부동산이 주는 부는

우리 모두가 이미 경험한 것입니다.

여러분이 잘산다면

그것은 여러분이 부동산 투자를 잘한 것입니다.

지금도 여전히 유효합니다.

같은 의사라도 부동산에 일찍 눈을 뜬 사람과 아닌 사람은

부의 차이가 분명히 발생하였습니다.

직장인 역시 부동산 투자의 성공 여부가

부의 차이를 만들었습니다.

예를 들면, 같은 대학을 졸업하고, 같은 회사에 취직한 출발선이

비슷한 동창의 부를 결정한 것 역시 부동산이었습니다.

장사를 하는 사람도

부동산 성공 투자 여부가 부의 차이를 결정하였습니다.

부동산 투자로 돈을 같이 벌었다면

부의 차이를 결정한 것은 바로 입지였습니다.

부를 가르는 기준이 학력보다 더 중요한 부동산(학)력입니다.

부동산은 10년만 먼저 입문하면

내 재산이 2배로 늘어나는 마법을 부립니다.

지금부터라도 부동산에 관심을 갖고 또 공부하여

실력을 키워야 합니다.

부동산(학)력을 키우는 가장 쉬운 방법이 저자의 책에 있습니다.

많은 사례가 있기에 너무나 쉽고 또 재미있게 공부할 수 있습니다.

저서

1. 『부자의 언어, 부동산(나도 건물주가 될 수 있다)』

2. 『돈을 빌리는 사람, 부동산을 빌리는 사람』

3. 『투자 바이블』

4. 『땅 투자, 땅 짚고 헤엄치기』

나도 건물주가
될 수 있다

우리는 내 집 마련의 꿈이 있기에

결국 내 집 마련에 성공하였습니다.

박정희 대통령의 새마을운동이 있기에

"잘살아 보세, 잘살아 보세, 우리도 한번 잘살아 보세."

노래가 있었고, 꿈이 있었습니다.

지금 대한민국은 세계가 놀라고

많은 나라가 부러워하는 잘 사는 나라가 되었습니다.

최근에 꿈이 이루어지는 또 하나의 과정이 있습니다.

김문수 전 경기도지사가 대심도 전철 이야기로 꿈을 심었습니다.

그 꿈이 GTX로 결실을 맺고 있습니다.

꿈은 결과물보다 늘 앞섭니다.

즉 꿈이 없으면 결과물도 없습니다.

부동산으로 돈을 벌기 위해선

돈보다 먼저 필요한 것이 꿈이고,

그다음 필요한 것이 용기입니다.

많은 사람이 내 집 마련의 꿈을 꾸고, 꿈을 이루었지만,

건물주의 꿈을 꾼 사람은 별로 없습니다.

그래서 건물주가 적은 것입니다.

나도 건물주가 되고 싶다.

나도 건물주가 될 수 있다.

건물주가 되는 꿈을 가진다면 시간의 문제이지만,

나도 건물주가 될 수가 있습니다.

내가 건물주의 꿈을 가지고 노력하면 건물주가 될 수도 있지만,

건물주가 안 되어도 실망할 필요는 없습니다.

내가 건물주가 못 되면 적어도 내 자녀는 건물주가 될 것입니다.

소형 자동차 가격으로 시작하여

'나도 건물주가 될 수 있다.'라는 꿈에서 출발하여야 합니다.

건물주의 꿈이 없다면

나는 건물주가 될 수 없습니다.

월세 받는 시작이 있어야

나도 건물주가 될 수 있습니다.

부동산 월세를 받는다는 것은
꿈같은 건물주가 되는 첫걸음입니다

부동산 월세는 평생 월급입니다.

100세 장수 시대에 부동산 월세보다 좋은 상품은 없습니다.

월세를 받아 본 사람은 부동산 월세의 가치를 압니다.

그래서 부동산 월세 받는 사람은

월세 받는 부동산의 개수를 늘리는 재테크를 합니다.

세상일은 무슨 일이든 처음이 두렵고 힘듭니다.

아파트처럼 익숙하지 않기에

수익형 부동산은 생소합니다.

그래서 더 많은 용기가 필요한 것이 수익형 부동산입니다.

월세를 받기까지 걱정도 많이 되지만,

임대가 되고 월세를 한 번만 받아보면 '투자를 잘했구나.'

안심이 드는 것이 수익형 부동산입니다.

수익형 부동산을 늘려가다 보면 꼬마 빌딩주의 꿈이 생깁니다.

그 꿈이 언젠가는 당신을 빌딩주로 만들어 줄 것입니다.

내가 안 되면 내 자녀가 빌딩주가 될 것입니다.

부동산 월세를 받는다는 것은

나의 아바타를 복제하는 것입니다.

월급이 2배, 3배, 4배 어느 순간 10배, 20배 계속 늘어가고

그 정점이 빌딩주가 되고,

그다음은 빌딩 수집가가 되는 것입니다.

좋은 부동산은 순간의 선택으로,

하루만 투자하여도 보통 사람의 10년 연봉 이상을 버는

기적의 상품이 되기도 하고

100년의 부를 좌우하기도 하며,

때때로 운명을 바꾸기도 합니다.

그 시작은 월세 받는 작은 시작이 있어야

꿈 같은 건물주가 될 수 있는 것입니다.

고민할수록 손해 보는
투자가 부동산 투자입니다

손해 보는 주식 투자는

고민도 안 하고 광속도로 클릭하여 손해를 보면서

왜 수익을 내는 부동산 투자는 고민을 많이 할까요?

과연 고민의 결과는 수익일까요?

아니면 투자를 안 한 후회일까요?

손실을 보는 주식 투자는

고민을 많이 하여야 손실을 줄일 수가 있고,

손실을 줄여야 수익을 보는 것이 아닌가요?

또 손실을 보는 주식 투자는 상의를 해야 하는 것이 정상 아닌가요?

그런데 상의도 없이 몰래 주식 투자를 하여 손실을 보고

고민도 없이 성급한 투자를 하여 손실을 보고

후회를 하면서도 또 투자하는 것이 주식 투자 아닌가요?

주식 투자 상담하는 증권 방송을 보면 손실을 보고 나서

어떻게 해야 하는지 대응책을 묻는 것이 대부분입니다.

사실 주식 투자하기 전에 어느 섹터, 어떤 종목의 성장성을 묻고

투자하는 것이 올바른 순서가 아닌가요?

위험한 주식 투자는 투자하기 전에 투자 교육을 받고

투자 공부가 되어야 하는 것이 올바른 순서가 아닌가요?

손실 본 사람 대부분이 투자 교육을 제대로 안 받았고,

또 공부도 제대로 안 하였고,

돈을 벌고자 한 의욕만 있는 결과가 아닌가요?

사실 공부도 안 하고,

고민도 안 하고,

상의도 안 하고

주식 투자로 돈을 벌고자 하는 것은 욕심이 아닌가요?

다른 말로 도둑 심보가 아닌가요?

왜 많은 사람은 올바르게 투자하지 않고 엉터리로 투자할까요?

피와 같은 돈에게 미안하지 않나요?

상의 없이 투자한 가족에게 미안하지 않나요?

주식 투자에 적용해야 할 원칙을

왜 돈을 버는 부동산에 적용하여 돈을 피해갈까요?

주식 투자는 고민할수록 손실을 줄이고 수익도 가능하지만,

부동산 투자는 고민할수록 돈과 멀어집니다.

부동산 투자는 고민할수록

부동산 투자의 단점만 찾고자 노력하기에

부동산 투자는 고민이 길어질수록

부동산으로 수익을 볼 확률은 낮아집니다.

당신이 고민하는 부동산은 매력이 있기에 고민하는 것 아닙니까?

당신의 눈에 매력이 있다면

다른 사람의 눈에는 매력이 없을까요?

그래서 다른 사람이 먼저 가져갑니다.

좋은 부동산은 용기를 낸 사람이 먼저 가져갑니다.

당신은 부동산으로 돈 벌 기회를 박탈당합니다.

왜냐하면, 부동산은 대체 불가능한 상품이기 때문에

가격 상승이 다른 어떤 상품보다 월등하게 높습니다.

왜 사람은 고민할수록 좋은 주식 투자는

고민을 하지 않고 광속도로 클릭하여 투자하고

약간 고민만 해도 되는 부동산 투자는

없는 고민도 만들어 돈을 벌 기회를 놓칠까요?

그 이유를 알고 싶네요.

부동산 투자는 고민할수록 돈과 멀어집니다.

그래서 '묻지 마 투자'가 나온 것입니다.

이는 많은 사람이 과거에 좋은 부동산을 놓치고

부동산 투자 실패한 경험이 녹아 있는 살아있는 속담입니다.

부동산 시장에 온
세 번의 큰돈을 벌 기회

과거 사례로 본, 부동산으로 큰돈을 벌 기회

1. IMF(1997년~2000년) 때 집값 폭락 시

이때 버틴 사람은 고생스럽게 돈을 벌었고,

이때 투자한 사람은 쉽게 큰돈을 벌었습니다.

2. 서브 프라임 모기지 사태(2007년~2010년) 때 집값 폭락 시

이때 버틴 사람은 힘들게 돈을 벌었고,

이때 투자한 사람은 쉽게 큰돈을 벌었습니다.

3. 코로나 이후(2022년 하반기~2023년 상반기) 집값 폭락 시

이때 버틴 사람은 고생스럽게 돈을 벌 것이고,

이때 투자한 사람은 쉽게 큰돈을 벌 것입니다.

이것이 과거가 준 교훈입니다.

부동산의 역사는

폭락 뒤에 반드시 반등이라는 되돌림이 있었습니다.

그다음은 물가 인상에 따라 완만하게 오르는 경향이 있었습니다.

마지막은 폭등하였습니다.

그다음은 폭락하는 경험이 있었습니다.

이미 우리가 경험한 일입니다.

폭락한 부동산은 급매물을 소화하면서 완만하게 오르다가,

어느 순간 폭등하는 순간이 올 것입니다.

폭등하는 순간을 알면 부동산 투자하는 데 얼마나 좋을까요?

그것을 알기가 힘들기에 바닥을 찍고 완만하게 오를 때가

부동산 투자의 적기가 될 수가 있습니다.

부동산 가격의 3대 폭락과 폭등의 간격은

공교롭게도 10년 주기설과 맞물려 있습니다.

2025년은 부동산 가격 상승 초입입니다.

이럴 때 분양받기 참 좋은 시기입니다.

부동산 투자하기도 좋은 시기입니다.

분양을 염두에 둔다면 23년 전후에 분양한 물건 중에

옥석을 가린다면 큰 수익을 볼 수가 있을 것입니다.

왜냐하면, 그때 분양한 부동산은

지금 분양하는 부동산보다 훨씬 저렴합니다.

이는 자재비 폭등에 따른 공사 원가가 미반영되거나

조금만 반영되었기 때문입니다.

대한민국 부는 부동산에서 나왔습니다.

잊지 마세요!

무슨 일을 하든지 큰돈은 반드시 부동산에 묻어야 합니다.

그래야 안전합니다.

큰 수익이 가능합니다.

부동산
10년 주기설

부동산 투자가 공교롭게도 10년 주기설과 맞아가고 있습니다.

전부 다 외부적 요소와 맞물려 맞아가고 있습니다.

1997년~2000년 I.M.F.

2007년~2010년 서브 프라임 모기지 사태

2019년~2023 코로나 사태

그럼 내부적 요소는 무엇이 있을까요?

아파트 공급 측면에서 보면

아파트 가격 상승 → 아파트 분양 순조 → 더 많은 아파트 공급 → 아파트 준공 시 공급 과잉으로 매매가 안 되고 입주가 안 되어 마이너스 피 발생 → 아파트 미분양 발생 → 아파트 공급 축소 → 아파트 미분양 해소 → 아파트 가격 상승 → 아파트 분양 순조

이런 일련의 과정이 통상 10년 정도 소요되기에

부동산 10년 주기설은

부동산 투자를 염두를 둔다면 설득력 있는 이론입니다.

특히 외부적 요인으로 인한 10년 주기설과

내부적 요인으로 인한 10년 주기설이 맞물려 돌아간다면

그 파괴력은 엄청날 것입니다.

그런 면에서 2025년 지금은 부동산 투자 안심하고 할 때입니다.

왜냐하면, 부동산 가격의 거품이 확 빠졌기 때문입니다.

저축만으로
부자가 될 수 없다

치솟는 물가 상승으로 인해

저축은 부자가 되는 데 해결책이 되지 못하는 것이 현실입니다.

비유를 든다면 1억에 구입한 벤츠 차량이

시간에 따라 가격이 오르면 얼마나 좋을까요?

현실은 벤츠 차량 가격은 감가상각으로 하락합니다.

우리가 믿는 저축이 벤츠 차량처럼 물가 상승을 감안하면

오히려 손해라는 이야기입니다.

그럼에도 저축은 해야 합니다.

왜냐하면, 종잣돈을 모아야 하기 때문입니다.

저축은 종잣돈 마련의 수단입니다.

저축이 재테크의 목적이 되면

물가 상승으로 인하여 오히려 손해입니다.

지금 5억 원 하는 아파트를 운이 좋아 좋은 회사에 취직하고,

또 허리띠를 졸라매어 열심히 돈을 모아 5억 원이라는

큰돈을 저축했다고 하면 우리가 아파트를 살 수가 있을까요?

아마도 5억 원이라는 돈을 모으는 순간

아파트 가격은 10억 원으로 달아날 것입니다.

은행 저축은 치솟는 물가로 손해 본다는 것을

오르는 아파트 가격을 보며 많은 사람은 이미 알고 있습니다.

현실적으로 그에 대한 대안을 찾지 못하기 때문에

위험한 주식 투자나 코인 투자를 많이 합니다.

투자는 위험하다고 생각하는 사람은

안전한 은행 상품을 이용하고 있는 것도 현실입니다.

또 주식 투자는 생각만큼 수익 내기 어렵습니다.

원금 손실을 보지 않는다면 그나마 다행입니다.

주식 투자는 주식으로 수익을 내는 사람에게만

맞는 투자 방법이고,

손실을 보는 사람은 피해야 하는 재테크 방법입니다.

우리가 안전하다고 믿고 있는 은행 이자는

물가 상승률을 따라가지 못하고 있기 때문에

오히려 위험하고, 손실을 보는 상품입니다.

예를 들면, 허리띠 졸라매어 월 200만 원씩 20년을 저축하여

원금 4.8억 원과 이자 합하여 6억이라는

자금을 마련했다고 했을 때

지금 5억 원의 아파트가 20년 뒤에도 5~6억 원 할까요?

그래서 저축만으로는 부자가 될 수가 없습니다.

저축을 어느 정도 하면 종잣돈이 모이고,

종잣돈에 따라 신용자산도 생깁니다.

종잣돈과 신용자산을 활용하면

부자의 길을 만들 수가 있습니다.

그럼에도 지금이 고금리라며

저축만 고집하는 사람을 보면 안타까운 마음입니다.

저축은 가난을 벗어나게는 하여도

일부 초고소득 사람을 제외하고는

부자를 만들지는 못합니다.

돈의 가치는
오늘도 하락한다

누구나 돈을 좋아합니다.

누구나 돈을 사랑합니다.

그래서 누구나 돈을 벌고자 노력합니다.

누구나 돈을 많이 벌고자 노력합니다.

누구나 돈을 안정적으로 벌고자 합니다.

누구나 돈을 오래 벌고자 합니다.

그래서 우리는 열심히 공부합니다.

좋은 대학에 가고자 노력합니다.

좋은 직장을 갖고자 노력합니다.

좋은 직업을 갖고자 노력합니다.

의사, 판사, 검사, 변호사 등과 같은 평생 직업, 고소득 직업을

갖고자 노력하는 사람도 많습니다.

정년 보장되는 직업을 선호하는 사람도 많습니다.

교사, 공무원, 군인, 공공기관 등은

정년 보장이 되는 장점이 있는 직업입니다.

안정적인 직장을 선호하는 사람은

정년 보장되는 직업을 선호합니다.

의사, 판사, 검사, 변호사는 돈도 돈이지만

오래오래 돈을 벌 수가 있는 자격증이 있는 직업입니다.

아무나 이쪽 세계의 밥그릇을 침범할 수 없는

법으로 보장된 직업입니다.

누구나 선호하는 직업이지만

자격증으로 인해 아무나 가질 수 없는 직업입니다.

돈을 많이 벌기를 원하는 사람이 선호하는 직업 중에

연예인도 있습니다.

연예인은 돈도 많이 버는 직업이지만,

대중의 사랑을 받는 직업이기도 합니다.

물론 소수의 사람만이 누리는 직업이기도 합니다.

그만큼 그 과정이 힘듭니다.

한 사람의 스타가 만들어지고,

태어나기가 결코 쉬운 일은 아닙니다.

누구나 좋아하는 돈, 누구나 많이 가지려고 노력하는 돈,

매력이 철철 넘치는 돈도 한 가지 치명적인 단점이 있습니다.

그것은 바로 돈의 가치는 오늘도 하락한다는 것입니다.

그래서 우리는 부동산과 금 같은 실물 자산을 선호합니다.

실물 자산은 가격이 진짜 오르는 것도 있지만,

돈의 가치 하락에 따라 오르는 것도 있습니다.

전자의 오름을 우리는 폭등이라고 표현하고

후자의 오름을 완만한 상승이라고 합니다.

완만한 상승은

인플레이션에 따른 물가 상승을 이야기합니다.

부동산은 폭등과 물가 상승에 따른 완만한 상승의 복합체이기에

우리는 부동산 구입과 투자를 할 때에 대출을 활용하는 것입니다.

만일 오늘도 돈의 가치가 하락되지 않는다면

대출보다 무서운 것이 없습니다.

우리는 늘 시간의 지배를 받기에 대출금 상환 전에

정년퇴직과 소득 감소, 그리고 소득 단절을

반드시 겪을 수밖에 없는 존재이기도 합니다.

누구나 좋아하는 돈, 누구나 사랑하는 돈,

그럼에도 시간이 지남에 따라 가치가 하락하는

돈의 가치를 유지하고 상승시킬 방법이 없을까요?

그것은 시간이 지남에 따라

돈이 새끼를 낳는 구조를 만들어야 합니다.

과거부터 현재까지 유효한 수단이 부동산입니다.

앞으로도 잘 보면 유효한 부동산이 많습니다.

100세 장수 시대에는 부동산 중에서도 월세가 잘 나오고,

가격도 오르는 곳을 선점해야 합니다.

그래야 우리의 노후가 경제적 자유를 얻을 수가 있습니다.

돈의 가치는 시간이
갈수록 왜 하락할까요?

돈의 가치가 하락하는 것은 누구나 알고 있습니다.

돈의 가치가 하락하는 것을 알고 있음에도

돈을 제대로 활용하지 못하는 사람을 보면 안타깝습니다.

왜 모든 나라는 돈의 가치가 하락할까요?

이는 비단 현재만의 문제가 아니라

과거에도 돈의 가치는 하락했고,

지금도 하락하고 있으며

미래에도 하락할 것입니다.

왜 모든 나라의 과거와 현재와 미래까지

돈의 가치는 하락만 할까요?

돈의 가치가 하락되는 것을 방지하는 방법은

금화나 은화를 발행하면 됩니다.

금화나 은화는 모든 나라에서 기념주화를 제외하고는

통용 화폐로 생산하기 불가능한 돈입니다.

금이나 은은 그 자체가 귀금속이고 돈입니다.

또 생산량이 유통량을 따라가기가 원천적으로 불가능한 것입니다.

그래서 금화나 은화는 실물 자산의 성격을 가지고 있지만,

나머지 모든 화폐는 실물 자산이 아니라 그림자 자산입니다.

그래서 모든 나라의 돈은 과거에는 하락했고,

현재는 하락하고 있고,

미래에는 하락할 것입니다.

특히 현대 자본주의에서는 돈의 가치 하락이 더 심합니다.

돈의 가치가 하락하는 것을 활용하여

가치가 올라가는 상품으로 옮기는 것을

우리는 실물 자산 투자라고 합니다.

대표적인 것이 부동산 투자와 금 투자입니다.

달러 투자는 힘이 약한 돈을 활용하여

힘이 강한 돈으로 갈아타는 투자로

우리는 실물 자산 투자라고 부르지는 않고

외환 투자라고 부릅니다.

왜냐하면, 돈은 그림자 자산이면서 신용 자산입니다.

신용자산은 그 나라의 신용도에 따라

연속적으로 환율이 변동되는 것입니다.

돈은 그 나라가 부강하면

그 나라의 신용도가 올라가서

돈의 가치는 올라가고 환율은 내려가며,

그 나라가 위기나 경제가 침체되면 신용도가 내려가서

돈의 가치는 내려가고 환율은 올라가는 것입니다.

그 나라가 멸망하면 그 나랏돈은 실체가 없는 신용 자산으로,

신용이 없어지기 때문에 휴짓조각이 되는 것입니다.

신용 자산은 휴짓조각이 되어도

그 나라의 실물 자산은 살아있습니다.

돈의 가치는

1. 언젠가는 그 나라의 화폐가 망한다는 점에서

2. 시간이 갈수록 화폐를 많이 찍어내기에

시간이 갈수록 돈의 가치가 하락하는 것은 아닐까요?

그런 점이 실물 자산과 신용 자산은 투자 가치가 다른 것입니다.

그래서 부자가 실물 자산을 좋아하고, 투자하는 이유입니다.

투자의 가장 중요한
3가지 기본선

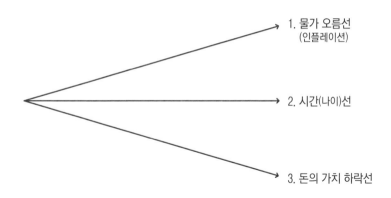

1. 물가 오름선
   (인플레이션)

2. 시간(나이)선

3. 돈의 가치 하락선

시간이 흐름에 따라 물가는 점점 올라갑니다.

반대로 이야기하면 돈의 가치는 점점 하락합니다.

사실 물가 오름선과 돈의 가치 하락선은 쌍둥이입니다.

이것만 잘 기억하고 실천한다면

누구나 돈을 벌 수가 있고 부자가 될 수가 있습니다.

사실 많은 사람이 이것을 알고 실천하고 있습니다.

그것은 바로 대출을 받아 부동산을 구매하는 것입니다.

강남 아파트를 예로 든다면, 과거에 5억 하는 아파트를

자기 돈 2억과 대출 3억을 활용하여 구입하였습니다.

그 아파트는 6억, 7억, 8억, 9억 계속 올랐습니다.

어느 순간 10억을 찍고, 15억을 찍고, 20억을 찍고,

30억을 찍었습니다.

물가가 오르듯이 부동산도 올랐고,

특히 강남 아파트는 물가보다 훨씬 많이 올랐습니다.

처음에 빌린 3억 원은 아파트 구입 비용의 60%였습니다.

아파트 가격이 상승함에 따라

대출은 처음 자산의 60%가 대출금인데,

지금 대출금은 현 자산의 10%밖에 안 됩니다.

그뿐만 아니라 아파트 구입 시 대출금 3억의 가치와

아파트 가격이 30억 되는 동안에

대출금 3억 원은 같은 가치가 아닙니다.

시간이 3억에 대한 부담을 대폭 줄여줬습니다.

투자자는 대출 이자만 납부하여도

시간이 주는 물가 상승이라는 인플레이션은

자산 증가와 함께 돈의 가치를 하락을 불러와

자연스런 부채 경감의 효과를 가져왔습니다.

투자의 가장 중요한
기본선과 응용선

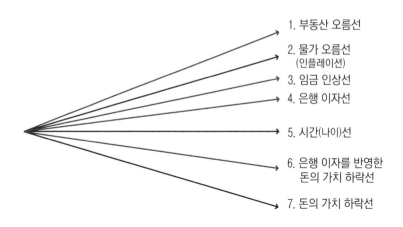

1. 부동산 오름선

2. 물가 오름선
   (인플레이션)

3. 임금 인상선

4. 은행 이자선

5. 시간(나이)선

6. 은행 이자를 반영한
   돈의 가치 하락선

7. 돈의 가치 하락선

시간이 흐름에 따라 물가는 점점 올라갑니다.

반대로 이야기하면 돈의 가치는 점점 하락합니다.

사실 물가 오름선과 돈의 가치 하락선은 쌍둥이입니다.

기본선 3가지에 응용 선 4가지를 추가하여 설명하면

부동산 가격 오름선은 보통 물가 오름선(인플레이션)을 추월합니다.

그 이유는 부동산 가격 상승은

땅값 상승 + 공사비 상승(자재비 상승과 인건비 상승) + 광고비 상승

+ 제반 비용 상승 등 복합적인 상승 요인이 있기에

일반 물가 상승률을 추월하여 부동산 가격은 오르는 것입니다.

임금 인상선은 기업의 경쟁력과 깊은 관계가 있습니다.

기업의 경쟁력이 뛰어나다면 물가 상승선보다

임금 인상선이 높을 수는 있지만, 그런 경우는 아주 희박합니다.

보통 기업의 경우에는

최고의 임금 인상률이 물가 상승률 정도이고,

대부분 기업은 기업의 경쟁력 유지를 위해

물가 상승률보다 더 적게 오릅니다.

은행 이자선은 인플레이션(물가 인상선)을 추월할 수가 없습니다.

만일 은행 이자선이 인플레이션(물가 인상선)을 추월한다면

돈은 돌지 않고 은행에만 몰리기 때문입니다.

이는 돈맥경화 현상이고 경제 흐름상 독약과 같기에

절대로 일어나서는 안 되는 것입니다.

돈은 돌고 돌아야 돈입니다.

그러기 위해서라도 은행 이자선은

늘 인플레이션(물가 인상선) 아래에서 움직여야 합니다.

그래야 경제가 활발하게 움직일 수 있는 요소가 됩니다.

이런 이유로 저축은 은행 이자를 받아도

오르는 인플레이션(물가 인상선)을 따라잡을 수가 없습니다.

저축은 투자를 위한 종잣돈 마련과 결혼 자금 등

목적 자금을 위해서는 여전히 중요한 수단입니다.

기본선 3가지와 응용 선 4가지를 활용하여 투자한다면

투자의 달콤한 열매를 맛볼 것입니다.

투자의
공격과 수비

식당 운영을 성공적으로 하기 위해서는 맛도 잡아야 하고
위생도 잡아야 합니다.
예전에는 요즘처럼 위생 관념이 없기에
상당히 지저분하게 운영하여도 별 무리가 없지만,
요즘은 소비자의 위생 수준이 상당히 높아 예전과 다르게
식당 주인들은 위생에 엄청나게 신경을 씁니다.
그래서 예전보다 식당이 많이 깨끗합니다.
청소는 위생의 첫걸음이기 때문입니다.
위생은 비슷한 수준이다 보니
결국 식당의 승부는 맛에서 결정됩니다.
소비자도 식당을 찾는 기준이 맛과 위생에 있습니다.
아무리 맛있는 식당도 바퀴벌레가 나오고,

머리카락이 자주 나오면 가지 않습니다.

그런 식당은 곧 망합니다.

식당의 맛이 공격적 요소라면 위생은 수비적 요소입니다.

이 둘의 궁합이 잘 맞으면 식당은 크게 성공할 수가 있습니다.

비단 식당만 아니라 투자의 세계에서도

공격과 수비의 요소가 궁합이 잘 맞아야 합니다.

투자의 세계에서 주식 투자는 맛은 뛰어나지만,

위생은 불량한 식당과 비슷합니다.

여러분도 많이 경험하였을 것입니다.

주식 투자로 수익을 내기도 하였지만,

엄청난 복통으로 수익을 토해낸 경험이 다 있을 것입니다.

그럼 투자의 세계에서 공격과 수비가

환상적으로 궁합이 맞는 상품이 있을까요?

있습니다.

가장 오래 검증된 투자 상품이 있습니다.

그것이 무엇일까요?

그것은 바로 부동산과 금(gold)입니다.

과거에는 시세 차익이 큰 차익형 부동산을 선호했습니다.

지금은 시세 차익과 월세 두 가지를

모두 염두에 두고 투자하는 추세입니다.

왜냐하면, 우리가 사는 세상이

100세 장수 시대에 들어갔기 때문입니다.

장수 시대 생활비와 병원비와 간병비에 대한 마지막 해결책은
아무래도 월세가 잘 나오는 부동산을 선호할 수밖에 없습니다.

공격과 수비가 완벽한 수익형 부동산으로 노후 준비 어떻습니까?

부동산과
군중 심리

부동산은 사람의 심리와 아주 밀접한 관계를 가지고 있습니다.

조금 과장하여 실감 나게 표현하면

아파트 1채만 남으면 아파트 가격은 하락하고,

아파트 1채만 부족하면 아파트 가격은 오릅니다.

아파트 2채가 남으면 아파트 가격은 큰 폭으로 하락하고,

아파트 2채가 부족하면 아파트 가격은 큰 폭으로 오릅니다.

만일 아파트 3채가 남으면 아파트 가격은 폭락하고,

아파트 3채가 부족하면 아파트 가격은 폭등합니다.

아파트를 필두로 부동산은 다른 어떤 상품보다

수요와 공급에 민감합니다.

군중 심리가 매우 크게 적용됩니다.

투자는 원래 싸게 사서, 비싸게 팔아야 하는데

사람의 심리 때문에 가장 비싼 가격에 아파트를 사서

큰 손실을 보는 경우가 종종 있습니다.

왜 비싼 가격에 아파트를 구입할까요?

더 이상 우물쭈물하다 가는 내 집 마련이

불가능하다고 느끼는 공포가 무리하게 대출을 받고,

심지어는 영혼까지 끌어서 사게 한 것입니다.

그때 저금리가 끝나고 금리가 오른다면

대출 이자는 많아지고, 쓸 돈은 없어지는, 즉

같은 월급으로 은행에 지불하는 이자가 많아지는 고통과 함께

부동산 가격은 하락과 급락으로 심한 고통에 시달리게 합니다.

부동산 투자에서 오는 고통과 손실을 줄이고자

급매로 팔려고 해도 부동산 가격 하락은

부동산 거래 실종으로 매도가 안 되는 이중고가 따라옵니다.

이것이 영끌족이 힘들어할 수밖에 없는 이유입니다.

잊지 마세요!

모든 투자는 싸게 사서 비싸게 파는 것입니다.

부동산 역시 마찬가지입니다.

부동산이 비싼 저금리 정점에는 부동산을 팔아야 하고,

부동산이 싼 고금리 정점에는 부동산을 사야 하는 것입니다.

호경기 정점에는 부동산을 팔고,

불경기의 정점에는 부동산을 사야 합니다.

우리는 군중 심리 때문에

부동산을 사야 할 불경기 저렴할 때 사지 못하고

부동산을 파는 잘못을 하여 손실을 크게 보며,

부동산을 팔아야 할 호경기, 상투에는 팔지 못하고,

부동산을 사는 우를 범하고 있습니다.

가장 대표적인 것이 영끌족입니다.

하우스 푸어입니다.

그러나 예외 없는 법칙이 없듯이

초역세권 부동산과 강남 부동산을 비롯한 좋은 부동산은

무조건 지켜야 합니다.

왜냐하면, 이런 특급 부동산은 한 번 팔면 다시는 못 사기 때문입니다.

만일 이런 특급 부동산을 팔고도 다시 살 수 있는 날이 온다면

초역세권과 강남 부동산도

팔고 사는 매매의 대상이 될 수가 있지만

그런 시절이 오지 않는다면 무조건 지켜야 합니다.

열 명 중 아홉 명이 돈을 버는 방법과
열 명 중 한 사람만 돈을 버는 방법

어느 것을 선택한 사람이 돈을 많이 벌까요?

어느 것을 선택한 사람이 부자가 될까요?

에이~ 무슨 말도 안 되는 소리를 하고 있나요?

당연히 열 명 중에 아홉 명이 돈을 버는 방법이

돈을 많이 벌지요? 맞습니다.

당연히 열 명 중에 아홉 명이 돈을 버는 방법이

돈을 많이 법니다.

부자가 됩니다.

열 명 중에 아홉 명이 돈을 벌기 위해 노력하는 분야가 있습니다.

대표적인 것이 부동산입니다.

부동산은 보통 가격이 오릅니다.

대한민국 부는 부동산에서 나왔습니다.

지금도 여전히 유효합니다.

그래서 많은 사람이 부동산에서 돈을 벌었습니다.

부자가 되었습니다.

요즘처럼 부동산 투자로 손해를 보아도

웬만하면 시간이 지나면 거의 다 수익을 줍니다.

그런데 말입니다.

열 명 중에 아홉이 돈을 버는 쉬운 방법으로

부자가 되는 방법이 있지만,

열 명 중에 한 사람이 돈을 버는 어려운 방법을

선택하는 사람도 너무나 많습니다.

대표적인 것이 주식 시장입니다.

주식 투자는 열 명 중 한 명은 돈을 법니다.

나머지 아홉 명은 돈을 잃습니다.

열 받습니다.

스트레스가 쌓입니다.

주식 투자로 돈을 잃은 시간이 억울합니다.

피와 같은 돈을 잃고 심기일전하여

나도 열심히 공부하면 열 명 중 한 명이 될 수도 있다고 믿고

공부하고 실력을 키우지만, 또 돈을 잃는 것이 주식 시장입니다.

왜냐하면, 나보다 똑똑한 사람이 더 많습니다.

나보다 돈 많은 사람이 더 많습니다.

나보다 정보가 빠른 사람이 더 많습니다.

가장 대표적인 힘센 놈이 외국인입니다.

기관입니다.

좀처럼 이기기 힘든 싸움입니다.

내가 주식 시장에서 돈을 잃는 것은 어떻게 보면 당연한 것입니다.

공부를 안 하면 빨리 돈을 잃고,

공부를 하면 돈을 천천히 잃습니다.

이것이 주식 시장입니다.

공부를 아주 많이 하고, 실력을 엄청 많이 쌓아야만

비로소 돈을 벌 수가 있는 곳이 주식 시장입니다.

재미난 사실은 학력이 높을수록 주식 투자하는 사람이 많고,

또 돈을 잃는 사람도 많습니다.

왜 주식 투자는 돈을 잃는 수업료를 반드시 내야 할까요?

수업료를 내면 낼수록 실력은 쌓입니다.

그래서 주식 투자로 돈을 벌 것 같지만,

또 돈을 잃는 것이 주식 시장입니다.

주식 시장에서 본인이 열 명 중 한 명이 아니라면

빨리 빠져나오는 것이 답입니다.

계속 머물러 있다면 돈을 계속 잃는 주식 도박을 하는 것입니다.

스트레스 안 받고, 돈 벌기 쉬운 부동산 투자로

부자가 되길 소망합니다.

특히 100세 장수 시대에는 부동산 월세 받는 상품은
반드시 하나 이상은 가지고 있어야 합니다.

부동산 월세로 평생 월급 준비하면 어떻겠습니까?

돈 벌기 쉬운 부동산 투자는 승률이 90%가 넘습니다.

10명 중에 적어도 9명은 돈을 법니다.

당신도 여기에 해당합니다.

손쉬운 부동산 투자 당신도 돈을 벌 수가 있습니다.

당신도 부동산으로 돈 벌 확률이 90%가 넘습니다.

부동산 투자하지 않을 이유가 없습니다.

부동산으로 돈을 잃을 확률 10%만 생각한다면

당신은 부자 되기를 포기하는 것과 같습니다.

돈을 뻥튀기할 수 있다면
얼마나 좋을까요?

우리는 돈을 모으기 위해 저축을 합니다.

빨리 튀길 목적으로 주식 투자도 하고, 부동산 투자도 합니다.

돈이 잘 튀겨지나요?

저축은 원금 지키는 데 탁월하지만 튀기기에는 불가능합니다.

만만하게 덤비는 주식 투자는 돈을 튀기기는 고사하고

원금 손실만 불러오고 있지 않습니까?

그럼 부동산 투자는 어떻습니까?

혹시 재미를 보셨습니까?

미분양 아파트도 시간이 지나면

대부분은 수익이 발생하였습니다.

고금리 시절에는 하우스 푸어의 고통은 심하지만,

이 역시 지나갈 것입니다.

그래도 투자의 세계에서

가장 성공 확률이 높은 투자는 부동산입니다.

열심히 일을 하는데 왜 부자가 되는 것은 이렇게 힘이 들까요?

사람은 누구나 돈을 벌기 원하고 또 부자가 되고 싶어 합니다.

그래서 다들 좋은 직장을 갖고자 노력하고,

직장에서 열심히 일을 합니다.

또 장사를 통해서, 사업을 통해서 돈을 벌고자 하고,

부자가 되고자 합니다.

그럼에도 왜 사람은 돈을 열심히 벌고는 있는데,

부자가 되기가 힘이 들까요?

우리는 저축을 열심히 하면 부자가 될 수 있다고 생각합니다.

그래서 열심히 저축을 합니다.

오르는 집값과 부동산을 보면서

저축만으로 부자가 될 수 있다는 생각은

착각임을 깨닫습니다.

그러면 돈을 많이 벌면 부자가 될까요?

이것은 반은 맞고, 반은 잘못된 생각입니다.

예를 들면, 대한민국 최고의 직장 중 하나인

삼성전자에 다니면 다 부자가 될까요?

또 삼성전자 2~3차 협력 업체 중에

삼성전자보다 월급이 적은 회사에 다니는 직원은

부자 되기가 불가능한가요?

그것은 아닐 것입니다.

무엇이 부자로 만들까요?

바로 부동산입니다.

부동산으로 돈을 버는 비결은 대출입니다.

대출을 활용하여 투자할 용기입니다.

왜냐하면, 대한민국 부는 부동산에서 나왔기 때문입니다.

사람을 부자로 만드는 것은

바로 부동산 투자의 성공 여부입니다.

특히 부동산으로 돈을 튀겨본 사람은

부동산으로 돈을 튀기지 못하고 저축만 한 사람보다

훨씬 부자가 될 확률이 높습니다.

우리 주변에서 부자가 된 사람은

남편의 월급에 의해 부자가 된 사람보다

아내의 부동산 투자로 부자가 된 사람이 많습니다.

이것은 사실입니다.

부자나 서민 모두가 갖고 싶어 하는 것이 부동산입니다.

특히 100세 장수 시대에는 월세 나오는 부동산이 최고입니다.

부동산 투자는 늘 용기를 요구합니다.

부족한 돈으로 투자하기에 두려움을 극복해야 하기 때문입니다.

대한민국에서 가장 안전하게 돈을 튀길 부동산은

호재가 많이 있는 부동산입니다.

배후 수요가 풍부한 부동산입니다.

교통이 좋아지는 부동산입니다.

부동산 호재가 중복되는 지역이 가장 많이 오르는 부동산입니다.

저축은 우리를 가난에서 벗어나게는 하지만

부자로 만들어 주기에는 한계가 있습니다.

돈을 뻥튀기하는 데 부동산 투자만큼

안전하고 좋은 것은 없습니다.

부동산으로 돈을 벌 수가
없다면 어떨까요?

부동산으로 돈을 벌기 싫다는 사람을 가끔 만납니다.

부동산으로 돈을 벌 수 없는 사회가 온다면 축복일까요?

아니면 저주에 가까울까요?

부동산으로 돈을 벌 수가 없는 사회가 온다면

대한민국은 저주에 가까운 비극일 것입니다.

건설회사의 존재 자체가 무너질 것입니다.

건설 관련 모든 산업이 무너질 것입니다.

실업자 천국이 되겠네요.

만일 아파트가 오르지 않는다면

누가 아파트에 목돈을 투자하겠습니까?

누가 비싼 아파트를 보유하겠습니까?

그 돈으로 편하게 은행 이자를 받는 방법을 선택하지 않겠습니까?

부동산으로 돈을 못 벌면 개인적으로도 비극입니다.

왜냐하면, 평생 일을 해야 하니까요?

그런데 내가 평생 일을 하고 싶다고 평생 일을 할 수가 있나요?

저자가 만난 사람 중에 부동산 투자 덕분에

노후가 편한 사람이 참으로 많습니다.

그런 면에서 부동산으로 돈을 벌 수 있다는 자체가 축복입니다.

저자가 만남 사람 중에 노후 생활이 불편한 사람도 많습니다.

불편한 사람 대부분이 부동산 투자를 외면하고 산 사람으로

지금은 후회하고 있습니다.

지금은 부동산 투자 안 하고도 먹고사는 데 지장이 없어서

그렇게 생각할 수도 있습니다만,

노후에 후회하는 어르신의 전철을

그대로 밟아 가는 것 같아 아쉬운 마음이 큽니다.

그 배경에는 지금 잘되고 있으니 부동산 투자를 안 해도

내 인생은 내 노후는 걱정이 없다는

생각 또는 오만이 있기 때문에 아닐까요?

세상 사는 데 항상 잘될 수가 있나요?

만일 어려움이 닥친다면 부동산 투자 대신에

저축한 돈으로 다 해결이 가능할까요?

이런 사람의 특징이 자기주장이 너무 강해

다른 사람의 의견을 안 듣는 성향이 많았습니다.

너무나 안타까운 마음이었습니다.

생각만 바꾸면 건물주도 될 수 있는 사람인데….

부동산으로 돈을 벌 수가 있다는 자체가 축복입니다.

부동산으로 돈을 벌 수 있을 때 돈을 벌어야 합니다.

부동산으로 돈을 벌 수 없는 시기가 오면

그것은 저주에 가깝습니다.

일부 지역부터 부동산으로 돈을 벌 수 없는 곳이

점점 늘어나고 있습니다.

그래도 지금이 부동산으로 돈을 벌 수 있는 기회입니다.

부동산으로 돈을 벌 기회가 점점 줄어들고 있습니다.

지방은 이미 시작되었습니다.

부동산으로 돈을 벌 장소가 점점 줄어들고 있습니다.

부동산으로 돈을 벌 장소가 줄어들고 있다는 것은

부동산으로 돈을 벌 시간이

점점 줄어들고 있다는 것과 같습니다.

좋은 부동산은
오래 가지고 있는 사람이 이긴다

부동산 투자는 샀다. 팔았다 하는 주식 투자가 아닙니다.

그럼에도 부동산 투자를

주식 투자처럼 샀다. 팔았다 하는 사람을 보았습니다.

돈을 많이 버셨어요?

여쭤 보았습니다.

수익 조금 내고 팔았어요.

그리고 하는 말이

가지고 있으면 큰 수익이 났는데 왜 팔았는지 모르겠어요?

지금은 급히 판 것을 후회하고 있어요.

특히 좋은 부동산은 오래오래 가지고 있어야 합니다.

가장 대표적인 것이 압구정 현대아파트입니다.

비단 압구정 현대아파트만의 이야기가 아니고

강남의 많은 부동산이 거의 다 그렇습니다.

팔면 다시는 못 사는 아파트는 다 그렇다고 보면 됩니다.

저자는 오죽하면 한양은 서울로 변모하는 동안

600년간 부동산 가격이 올랐다고 표현했을까요?

경주는 1,000년간 부동산이 올랐다고 이야기하였습니다.

부동산 가격은 결정적인 판이 끝날 때까지는

끝난 것이 아닙니다.

좋은 부동산 투자는 단 하루만 투자하면 되는 것입니다.

나머지는 투자자가 먹고 자는 동안

부동산은 저절로 가격이 올라갑니다.

팔지만 않는다면 그 수익을 고스란히 누릴 수가 있습니다.

좋은 부동산은 오래 가지고 있는 사람이 승자입니다.

좋은 부동산은 오른 만큼 대출을 추가로 활용할 기회를 줍니다.

또다시 투자할 자금을 마련할 수도 있는 복덩이가 됩니다.

그래서 좋은 부동산은 오래 가지고 있는 사람이 이깁니다.

먼저 분양하는
부동산 분양가가 가장 저렴하다

분양가는 먼저 분양하는 부동산이 가장 저렴합니다.

통상 가장 먼저 분양하는 부동산은

입지가 가장 좋은 경우가 많습니다.

그래서 시간이 지나면 가장 많이 오릅니다.

그런데 입지는 가장 좋은데 분양가를 왜 저렴하게 책정할까요?

신도시의 경우를 예를 든다면 시범단지가 그렇습니다.

시범단지의 입지는 가장 좋은데 분양가는 가장 저렴합니다.

왜 가장 저렴하게 분양할까요?

두 가지 이유가 있습니다.

1. 먼저 분양하는 시범 단지가 분양에 성공해야 뒤따라 분양하는

나머지 신도시 아파트 분양이 성공하기 때문입니다.

2. 시범 단지는 먼저 분양하기에 뒤에 분양하는 아파트보다 오르기

전의 가격으로 저렴하게 공사(자재비와 인건비)를 할 수가 있습니다.

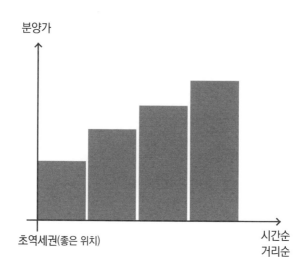

분양가

초역세권(좋은 위치)

시간순
거리순

비단 신도시만의 이야기가 아닙니다.

같은 역세권을 분양하는 경우에도 역에는 먼 현장은

먼저 저렴한 가격으로 분양하지 않습니다.

아니, 분양을 못 합니다.

먼저 분양을 해도 분양 성공을 확신하지 못합니다.

왜냐하면, 공사 도중에 역에서 가까운 곳에 분양을 하면

역에서 먼 곳은 바로 미분양이 되기 때문입니다.

그 현장이 미분양 되면 건설 회사는 공사비를 못 받습니다.

그래서 건설 회사는 쉽게 공사를 하겠다고 달라붙지 않습니다.

그래서 역에서 가까운 곳에서 먼저 분양을 합니다.

그때 분양하는 가격이 통상 가장 저렴합니다.

한 현장이 분양 완전판매 되기까지는 통상 2~3년 걸립니다.

물론 경기가 좋으면 1년 안에 분양이 완전 판매되기도 합니다.

가장 좋은 곳의 분양이 어느 정도 진행되면

그다음 현장이 분양을 서두릅니다.

그 기간에 오르는 땅값, 오르는 자재비, 오르는 인건비 등을

감안하면 최초 분양한 현장보다 비쌀 수밖에 없는 구조입니다.

그래서 부동산 투자로 돈을 번 경험이 있는 사람은

첫 번째 분양은 묻지 마 투자하는 경향이 있습니다.

왜냐하면, 가장 입지가 좋은 부동산을

가장 저렴하게 분양받기에 가장 큰 수익을 얻을 수 있다는 것을

경험을 통해 이미 알았기 때문입니다.

대표적인 곳 중 하나가

문정동 현대 테라타워 지식산업센터입니다.

또 마곡역 주변 개발, 마곡나루역 주변 개발, 양천향교역 주변

개발 모두가 역에서 가까운 곳에서 먼저 저렴하게 분양하고

역에서 멀수록 입지는 떨어져도 비싸게 분양하게 된 것입니다.

왜냐하면, 늦게 분양하는 현장은 역에서는 멀지만

여기보다 더 역에서 가까운 현장은 이미 분양이 끝났기에

역에서 가까운 현장은 분양할 물건이 없고,

여기 이 현장이 남아 있는 현장 중에는 역에서 가장 가깝기
때문에 비싸게 분양해도 팔릴 수밖에 없는 구조입니다.
늦게 분양하였기에 분양가는 당연히 비싸고
역에서 멀기 때문에 시세 차익은 가장 적습니다.
이것이 좋은 위치에 있는 부동산 투자를
먼저 하는 사람에게 주는 상입니다.

압구정 현대아파트
이야기

지금 누구나 살고 싶어 하는 압구정 현대아파트는

1~4차까지 미분양 아파트였습니다.

1970년대는 서울의 중심은 강북이었습니다.

시골서 올라온 저자는 상상이 안 되는 이야기지만 사실입니다.

1976년 압구정 현대아파트 분양가는 30평 865만 원,

40평 1,200만 원, 48평 1,416만 원, 60평 1,770만 원입니다.

30평 기준 1,000만 원, 60평 2,000만 원으로 가정하고 계산하면

평수에 따라 다르지만 현재 약 50억 원~100억 원 합니다.

어떤 사람은 10배 올랐다고 1억에 팔고 나간 사람도 있습니다.

어떤 사람은 50배 올랐다고 5억에 팔고 나간 사람도 있습니다.

어떤 사람은 100배 올랐다고 10억에 팔고 나간 사람도 있습니다.

어떤 사람은 200배 올랐다고 20억에 팔고 나간 사람도 있습니다.

어떤 사람은 300배 올랐다고 30억에 팔고 나간 사람도 있습니다.

어떤 사람은 400배 올랐다고 40억에 팔고 나간 사람도 있습니다.

어떤 사람은 500배 올랐다고 50억에 팔고 나간 사람도 있습니다.

어떤 사람은 아직도 가지고 있는 사람도 있습니다.

올랐다고 기분 좋게 팔고 나간 사람이 승자일까요?

아마 며칠은 가격이 많이 올라 큰 수익을 내고 팔았다며

좋아했겠지만, 지금은 후회만 하고 있을 것입니다.

좋은 부동산은 오래 가지고 있는 사람이 승자입니다.

압구정 현대아파트 팔고 나간 사람은 거의 다 후회합니다.

왜냐하면, 다시는 압구정 현대아파트를 구입 못 합니다.

대표적인 사람이 강남 아파트 팔고 분당 이사 온 사람입니다.

강남 아파트 팔고 후회하는 여러 사람을 만났습니다.

거꾸로 보면

압구정 현대아파트를 50억 원에 산 사람이 있습니다.

압구정 현대아파트를 40억 원에 산 사람이 있습니다.

압구정 현대아파트를 30억 원에 산 사람이 있습니다.

압구정 현대아파트를 20억 원에 산 사람이 있습니다.

압구정 현대아파트를 10억 원에 산 사람이 있습니다.

압구정 현대아파트를 5억 원에 산 사람이 있습니다.

압구정 현대아파트를 1억 원에 산 사람이 있습니다.

압구정 현대아파트를 1,000만 원에 산 사람이 있습니다.

누가 승자일까요?

싸게 산 사람이 승자입니다.

누가 싸게 구입하였나요?

먼저 구입한 사람이 싸게 구입하였습니다.

그래서 좋은 부동산은 '묻지 마 투자' 해야 합니다.

상의하는 순간 좋은 부동산은 다른 사람이 먼저 가져갑니다.

상의하는 순간 좋은 점은 생각하지 않고

안 좋은 점이 무엇이 있을까?

단점만 생각하게 됩니다.

대표적인 것이 다음과 같습니다.

여보 내 직장이 어디에 있어? 강북이네.

그럼 출근과 퇴근 힘들어 안 되겠네.

여보 우리 아이 학교가 어디에 있어? 강북이네.

그럼 아이들 힘들어 안 되겠네.

여보 우리가 다니는 병원이 어디에 있어? 강북이네.

그럼 병원이 없어서 안 되겠네.

여보 우리 친척이 어디에 있어? 강북이네.

그럼 모이기 힘들어 안 되겠네.

여보 우리 친구가 어디에 있어? 강북이네.

그럼 심심해서 안 되겠네.

상의해 보니 강남 가지 않을 이유가 오만 가지가 넘습니다.

강남 안 갈 이유, 충분합니다.

그리고는 강남 투자를 안 합니다.

그리고 두고두고 후회를 합니다.

농담이지만 지금도 강남 투자를 하지 못한 것을 가지고 당신 때문에 강남 가지 못했다고 싸우고 있는 가정도 있을 것입니다.

상의하는 순간, 돈은 나하고 멀어집니다.

그래서 좋은 부동산에 투자하지 않은 경험에서 나온 속담이

'묻지 마 투자'입니다.

묻는 순간 좋은 점은 날아가고,

안 좋은 점만 다가오기 때문에

절대 투자를 할 수가 없기 때문입니다.

왜냐하면, 모든 투자는 내 마음 깊은 곳에서부터

본능적으로 불안감이 있기에

누가 옆에서 "잘 알아보고 사는 것이냐?" 하고 툭 치면

바로 투자하는 것을 포기하게 되어 있습니다.

그래서 부동산 투자는 돈보다 중요한 것이 용기입니다.

부동산 투자는 안 좋은 것 오만 가지를 찾는 것이 아니라

확실하게 오르는 이유 하나면 충분한 것입니다.

압구정 현대아파트 역사를 보면서

부동산 투자를 하지 않아서 오는 실패는 예방하고

성공 투자를 하는 교훈이 되었으면 합니다.

1+1
투자 기법

같은 값이면 다홍치마란 말이 있습니다.

요즘 젊은이는 모르는 말이기도 합니다만

나이가 어느 정도 있는 사람은 다 아는 말입니다.

같은 값이면 다홍치마보다 더 좋은 것이 저렴하게 사는 것입니다.

덤이 있다면 더 좋습니다.

같은 값이면 다홍치마보다 더 좋은 덤의 세계가 있을까요?

있습니다.

백화점이나 마트에 가면 할인 행사 시

1+1 행사를 많이 하기도 합니다.

불경기가 심하면 심할수록 할인 행사는

다양하게, 빈번하게 합니다.

비단 백화점이나 마트에서만 덤의 행사를 할까요?

투자의 세계에서도 덤의 세계가 있습니다.

삼성전자의 주가로 비교해서 설명해보겠습니다.

1주를 90,000원에 구입한 사람과

1주에 45,000원에 구입한 사람이 있습니다.

1주에 45,000원에 구입한 사람은

90,000원에 구입한 사람과 비교하면

1+1으로 덤으로 구입한 것과 같습니다.

부동산의 세계에서도 있습니다.

같은 아파트를 비교하면 5억에 구입한 사람과

10억에 구입한 사람이 있습니다.

5억에 아파트를 구입한 사람은

10억에 아파트를 구입한 사람과 비교하면 1+1,

15억에 아파트를 구입한 사람과 비교하면 1+2,

20억에 아파트를 구입한 사람과 비교하면 1+3으로

구입한 것과 같습니다.

가장 대표적인 아파트가 압구정 현대아파트입니다.

일찍 투자한 사람은 1+99로 구입한 사람도 있고,

1+49로 구입한 사람도 있고,

1+9로 구입한 사람도 있습니다.

덤으로 부동산을 사는 사람의 특징은

좋은 부동산을 먼저 사는 것입니다.

그다음에는 불경기에 사는 것입니다.

특히 건설회사들이 부도날 때 사는 것입니다.

이 경우를 제외하고는 부동산 투자에 덤은 없습니다.

백화점이나 마트에서는 1+1을 사는 것을 선호하는 사람도

왜 투자의 세계에서는 1+1 대신에

비싼 가격으로 사는 것을 선호할까요?

투자의 세계에도 용기만 낸다면

1+1으로 얼마든지 저렴한 가격으로 구입이 가능합니다.

투자의 세계에서는 왜 1+1으로 구입이 힘들까요?

투자의 세계에서 1+1으로 구입하는 것은

돈의 문제이기도 하지만,

용기가 더 많이 필요합니다.

왜냐하면, 주변에서 지금은 투자할 때가 아니라고,

기다려야 하는 불경기라고

부동산 투자는 잘 알아보고 사는 것이라고

주변에서 초를 치는 사람이 너무나 많기 때문입니다.

특히 가까운 사람이 초를 칩니다.

그리고 나중에는 당신 때문에 돈을 못 벌었다고 원망합니다.

본인이 그것을 극복하지 못한다면

늘 비싼 가격에 구입할 수밖에 없는 것이 투자의 세계입니다.

같은 물건을 1+1으로 저렴하게 구입하는 방법이 있습니다.

제값을 다 주고 구입하는 사람이 있습니다.

당신은 어떤 선택을 하겠습니까?

선택의 결과가 당신의 부를 결정합니다.

투자의 세계에서 돈을 버는 방법은

다른 사람이 투자하지 않는 때가

바로 돈을 왕창 벌 기회입니다.

대표적인 때가 불경기입니다.

고금리가 지속되고 금리 인하 이야기가 시작되는 때입니다.

남들이 관심을 안 가질 때입니다.

그래서 가격이 가장 쌀 때입니다.

투자는 싸게 사서 비싸게 파는 것입니다.

비싸게 사서 더 비싸게 파는 것은 프로의 영역입니다.

이왕이면 부동산 투자는 불경기 때

1+1으로 투자하는 것이 좋습니다.

불경기는 영원하지 않습니다.

시간이 지나면 호경기가 도래합니다.

경기가 좋을 때 부동산 투자는 제값을 주고 구입하거나

비싼 가격으로 구입해야 하는 것이 부동산입니다.

불경기인 지금이 1+1 덤으로 구입할 때입니다.

지금 투자가 덤이라는 것을 시간이 증명할 것입니다.

과거로 돌아간다면
무엇을 하고 싶나요?

누구나 살고 싶은 압구정 현대아파트 구입하겠지요?

그런 꿈 같은 아파트도 1~4차까지 미분양이었습니다.

용기를 낸 사람은 500배 정도 돈을 벌었습니다.

이 기회를 다시는 놓치지 않겠지요?

지금 누구나 선호하는 타워팰리스도 처음에는 미분양이었습니다.

용기를 낸 사람은 수십억 원의 수익을 올렸습니다.

이 기회도 잡았겠지요?

지금 다시 과거로 돌아간다면

무조건 부동산 투자를 하였을 것입니다.

그때 부동산 투자를 하지 못한 이유가 생각나는지요?

부동산 투자를 하지 못한 이유는 생각이 안 날 것입니다.

그때를 생각하면 후회만 생각날 것입니다.

그래서 부동산의 과실은

용기를 낸 사람에게만 주어지는 선물입니다.

부동산 투자는 돈보다 중요한 것이 바로 용기입니다.

왜냐하면, 주변에서 고춧가루를 뿌리는 사람이

너무나 많기 때문입니다.

특히 가까운 가족의 반대가 심합니다.

오죽하면 "사촌이 논을 사면 배가 아프다."라는 속담이 생겼습니다.

역사는 반복한다는 말이 있듯이

사람은 부동산 투자에 있어서도 똑같은 잘못을 반복합니다.

그때 그것을 샀어야 했는데…,

그때 그것을 분양받아야 했는데….

그리고 후회만 반복적으로 하는 것입니다.

과거를 뒤돌아보면 부동산 투자하지 않은 큰 실패로 인해,

많은 실패로 인해 엄청난 후회를 하고 있습니다.

돈을 많이 벌 기회를 놓쳤습니다.

부자가 될 기회를 놓쳤습니다.

지금도 반복하고 있습니다.

부동산 투자, 제발 용기를 내세요.

용기가 부자를 만듭니다.

순간의 선택이 100년의 부를 좌우하는 것이 부동산입니다.

때때로 운명을 바꾸는 것이 부동산입니다.

껌값을
아시나요?

우리가 푼돈의 대명사를 껌값이라고 합니다.

혹시 껌값이 얼마인지 알고 있나요?

간만에 껌을 산 사람은 깜짝 놀랄 것입니다.

껌의 대명사 롯데 껌을 예로 든다면

"좋은 사람 만나면 나눠주고 싶어요,

쥬시후레쉬, 스피아민트, 후레쉬민트, 껌이라면 역시 롯데 껌."

나이가 40~50대만 넘어도 이 광고를 기억하실 것입니다.

저자가 기억하는 롯데 껌의 가격이 100원, 200원이었습니다.

그러고 보니 자일리톨 껌 외에는

다른 껌을 구입 안 한 것이 참으로 오래되었습니다.

롯데 껌 3총사 처음 출시한 1972년 가격은 20원이었습니다.

2025년 현재 1,200원 입니다.

껌 가격이 50여 년간 60배 올랐습니다.

껌 외에도 다른 물가도 그만큼 많이 올랐습니다.

다른 말로는 돈의 가치가 그만큼 하락이 되었습니다.

즉, 물가 인상과 돈의 가치 하락은

같은 말은 다르게 표현한 둘은 쌍둥이입니다.

그래서 우리는 물가 상승으로 인한 돈의 가치 하락도 피해가고,

월세라는 월급도 받을 수도 있고,

자산 가치도 증식되는 소액으로 할 수 있는

수익형 부동산에 관심을 가져야 하는 이유입니다.

물론 돈이 있다면 소액 투자 말고도

부동산으로 투자할 것이 많이 있습니다.

그렇지만 저자는 책으로 부자 만들기 새마을운동을 하는 입장에서

서민이 부자가 되었으면 더 좋겠습니다.

월세는 시간이 흐름에 따라 보통 오릅니다.

이것을 경제 활동을 할 수 있는 시기에

월세를 받는 현금 흐름을 만들어 놓아야 합니다.

이는 화폐 하락을 대비할 수 있을 뿐 아니라

시세 차익이라는 보너스 혜택을 받을 수 있기 때문입니다.

이것은 때를 놓치면 불가능합니다.

지금 현재 경제 활동할 때와

내 수중에 현금이 있을 때와

현금이 없다면 신용 자산이라도 있을 때만 가능합니다.

주택 수에 포함되는 아파트는 여러 채 보유할 경우에

과중한 세금으로 인해 여러 채 보유하기가 현실적으로 쉽지 않고,

지금은 계속 갈아타거나,

큰 평수로 옮겨 가는 투자를 하고 있습니다.

이 과정에 양도세가 큰 부담으로 작용할 경우에는

부의 증식에 한계가 따릅니다.

주택 수에 포함되지 않는 수익형 부동산으로

부동산 월급을 만들고, 부동산 월급 받는 재산을 불려가면

큰돈 투자하지 않고도 부자가 되는 기회를 얻을 수가 있습니다.

껌 가격으로 물가 상승과 돈의 가치 하락을 살펴보면서

부동산 투자는 우리에게 많은 교훈을 줍니다.

집이
굴러간다

저자는 1983년에 재수를 하기 위하여 처음 서울에 왔습니다.

시골 출신이라 연고가 없는 관계로 방을 구하기가 막막하였지만,

다행히 고려대학교 다니는 고등학교 선배가 머무는 집에는

자취방이 많아 그 집에 방을 얻어 안암동에서 노량진 학원까지

오고 가며 재수 생활을 하였습니다.

재수하는 중에 누군가 술, 당구, 담배, 데이트, 전자오락

이 다섯 가지를 안 하면 누구나

서울대학교에 갈 수 있다고 말했습니다.

이 다섯 가지만 지키면 서울대학교 갈 수 있다는 희망을 가지고

서울대학교를 목표로 정말 열심히 공부하였습니다.

열심히 공부하였지만 내신 성적이 7등급이라 서울대학교는 엄두를

못 내고 장학금 주는 성균관대학교 경영학과에 입학하였습니다.

그때 도시락 반찬으로 단무지를 하도 많이 먹어서

지금도 단무지를 별로 좋아하지 않습니다만,

그때를 생각하면 열심히 공부한 추억만 남아 있습니다.

재수할 때 선배가 지나가는 현대자동차 그라나다 차를 보고

"집이 굴러간다."라고 말을 하였습니다.

그만큼 비싼 차라는 것이었습니다.

1982년 출시한 그라나다 기본형 차량 가격은 1,563만 원이었고,

옵션이 붙거나 혹은 고급형이 있다면

약 2,000만 원으로 가정하면

그 당시 서민 주택 가격이 2,000만 원 정도 하였다는 것입니다.

현대자동차 그라나다 차량의 후속 모델이 그랜저입니다.

현재 그랜저 차량의 가격이 5,000만 원 전후입니다.

40년 동안 2~3배 올랐습니다.

1983년 그 당시 집이 2,000만 원 정도이고,

지금 서울의 평균 집 가격이 10억 원 정도이면

집 가격은 무려 50배가 올랐습니다.

저자의 책 독자는

'그라나다 자동차를 안 사고 집을 사면 부자가 되었겠네.'

이런 생각이 들 것입니다.

예나 지금이나 자동차는 돈 잡아먹는 귀신이 맞습니다.

소비재 구입은 신중하게!

자산 구입은 신속하게!

이것이 그라나다 차량을 예로 든 시간이 주는 교훈입니다.

자산은 무조건 빠르게, 일찍, 구입하는 사람이 승자입니다.

'집이 굴러간다.' 대신에 집을 굴려야 하고,

부동산을 굴려야 합니다.

그래야 돈을 벌고, 부자가 될 수가 있습니다.

부자의 상징,
금성 흑백 TV

우리나라의 최초 TV는 1966년 금성사의 흑백 TV였습니다.

이것을 가지고 있으면 동네에서 최고 부자였습니다.

밤이면 밤마다 TV가 있는 집에 모여서

TV를 함께 보았던 기억이 납니다.

TV를 가지고 있는 주인도 가족끼리 TV를 보지를 않고,

TV를 마루까지 가지고 나와 마당에는 멍석을 펼치고,

동네 사람 모두 다 같이 보는 것이

대한민국 그 당시 모든 마을의 모습이었습니다.

TV 시청이 다 끝나면 TV 문을 닫고

다시 안방으로 가져가는 것이 매일 매일의 풍경이었습니다.

이때가 살아있는 공동체 동네의 참모습이 아닐까 생각해 봅니다.

지금은 거실에서 가족끼리 함께 보면 다행이고,

방마다 다른 프로를 시청하는 따로 문화의 시대입니다.

그 당시 금성 흑백 TV의 가격이 68,000원입니다.

겨우 68,000원이 아니고 정말 어마어마하게 비싼 가격입니다.

흑백 TV를 하나 구입하기 위해서는 몇 년 월급을 모아야

살 수 있는 정말 비싼 가격이 68,000원입니다.

그 당시 쌀 가격으로 환산하면 27가마 가격입니다.

그 당시 쌀 가격이 환산이 안 되지요?

약 40년간 공무원 생활하면서 받은 월급 봉투를 모은

이종찬 선생님 월급 봉투 기록에 의하면 1966년 그때 월급은

4,543원으로 쌀 한 가마니 살 수 있는 돈입니다.

지금 월급이 쌀 한 가마니 살 수 있는 가격이라면

누가 공무원 하겠습니까?

그만큼 먹고살기가 힘든 때는 먹고사는 것이

가장 중요한 문제이기에 그만큼 쌀 가격이 비쌌습니다.

따라서, 쌀을 생산하는 논의 가격도 엄청나게 비쌌습니다.

지금과는 완전히 다른 세상 이야기입니다.

흑백 TV 가격이 27개월 월급을 모아야 사는 것이

불과 60년 전 이야기입니다.

그때 말죽거리(현 양재동) 땅의 가격이

평당 200~400원 하던 시절이었습니다.

그 당시 흑백 TV 한 대 가격은 양재동 땅 가격으로 환산하면

평당 200원이면 340평, 평당 400원이면 170평을 살 수 있는
가격이었습니다.

양재동 땅 지금 가격으로 환산하면
위치에 따라 다르지만 50억~300억 정도가 아닐까요?

이 글을 본 사람 중에 그때 우리 집에 흑백 TV가 있는 사람은
맞아! 그때 양재동 땅을 사야 했는데 하며
아쉬워할 수도 있습니다.

이것이 자산이 가진 힘입니다.

무엇을 구매할 때 가치가 올라가는 곳에 돈을 투입하면
우리는 부자가 될 수가 있습니다.

반대로 큰돈을 투입하였는데 가치가 하락되는 곳이라면
늘 조심해야 한다는 이야기이기도 합니다.

이것이 그 당시 부자의 상징 금성 흑백 TV가 주는 교훈입니다.

투자는 원금 회수가
빠른 것이 최고입니다

투자에는 투자 수익률이 매우 중요합니다.

수익률에 따라 투자 여부를 결정하며 또 가격까지 좌우됩니다.

장사하는 사람의 경우에도 가게 권리금 결정할 때

그 가게의 수익에 따라 권리금이 결정되는 것과 같은 이치입니다.

즉, 몇 개월 혹은 몇 년을 장사하면 투자 원금을 회수할 것인가를

놓고 권리금이 결정된다는 것입니다.

그런 면에서 투자 원금 회수가 정말 빠른 상품이

수익형 부동산입니다.

수익형 부동산은 분양가 대비 대출이

타 상품보다 많도록 설계되어 있습니다.

그 이유는 분양을 촉진하는 프로모션의 일환입니다.

통상 월세를 받아 대출 이자를 내는 형태로

원금은 나중에 갚는 거치식이 많습니다.

대출 원금은 인플레이션 영향으로 같은 금액이지만,

돈의 가치 하락으로 부담은 점점 줄어들게 되어 있습니다.

매월 받는 순월세(월세 – 대출 이자)를 가지고 소액 투자한

투자 원금을 회수하는 기간은 2~3년이면 충분합니다.

어떤 상품은 1~2년이면 충분한 것도 있습니다.

원금 회수 이후 순월세는 투자금이 전액 회수되었기에

공짜로 순월세를 받는 것과 같은 구조입니다.

회수된 자금으로 또 월세 받는 수익형 부동산을 투자하면

시간이 갈수록 부동산 월세가 많아지는 구조입니다.

100세 장수 시대에 이보다 좋은 부동산은 없습니다.

투자는 원금 회수가 빠른 것이 최고입니다.

부동산 투자의 금메달, 은메달,
동메달, 노메달, 목메달

2024년 양궁은 대한민국 금메달을 안겨준 효자 종목입니다.

비단 2024년뿐만 아니라 정몽구 회장과 정의선 회장의

내리 양궁 사랑과 과감한 투자가

수십 년 동안 대한민국 양궁의 발전에 기여하였고,

그 결과 금메달 비롯한 메달밭이 된 것입니다.

오죽하면 대한민국 양궁 일등이 세계 일등이고,

대한민국 대표 선발전이

올림픽 메달 쟁탈전보다 치열하다는 말이 나왔고,

또 사실 그렇게 된 것은 누가 뭐라고 해도

정몽구 회장과 정의선 회장의 내리사랑과

과감한 투자 덕분이라고 생각합니다.

그 결과, 대한민국 국민을 TV로 양궁 경기를 보는

즐거움을 안겨주었고, 또 양궁 선수의 선수층을 두텁게 하여
지속적인 메달 후보군을 양성하는 토대가 된 것입니다.

TV로 양궁 경기를 보면서 선수에게도,
감동과 코치에게도 금메달을 딴 기쁨으로 감사한 마음을 드리지만,
이 책을 통해서도 정몽구 회장과 정의선 회장의 내리사랑과
과감한 투자에 깊은 감사를 드립니다.

양궁 메달전의 경우 양궁 점수 평균 10점을 맞으면
금메달이 거의 확정입니다.

경우에 따라 연장전을 하기도 하지만 그런 경우는 드뭅니다.

1세트에 9점이 1~2개 있어도 금메달이 가능합니다.

1세트에 8점이 1~2개 있으면 금메달도 가능하지만
은메달도 가능합니다.

1세트에 7점이 1개만 있으면 금메달도 보다는
은메달과 동메달이 가능합니다.

1세트에 6점이 1개만 있으면 동메달도 가능할 수도 있지만,
노메달 될 확률이 있습니다.

1세트에 5점이 1개만 있어도 동메달은 힘들 수가 있고
노메달 될 확률이 높습니다.

1세트에 4점이 1개 있어도 노메달 됩니다.

1세트에 3점이 1개만 있어도 노노메달입니다.

1세트에 2점이 1개만 있어도 노노메달 됩니다.

1세트에 1점이 1개만 있어도 노노노메달입니다.

1세트에 0점이 1개만 있어도 노노노메달 됩니다.

양궁의 점수처럼 부동산에도 점수를 매길 수가 있습니다.

부동산 투자를 염두에 둔다면 중요한 기준이 역세권입니다.

역에서 걸어서 5분 이내는 퍼펙트 금메달

역에서 걸어서 10분 이내는 금메달

역에서 걸어서 15분 이내는 은메달

역에서 걸어서 20분 이내는 동메달

역에서 걸어서 20분 밖으로는 노메달

역에서 걸어서 30분 밖으로는 노노메달

역에서 걸어서 60분 밖으로는 목메달

이런 방식으로 투자자 본인이 점수를 매겨서 투자한다면

부동산 투자를 하는 데 실패는 없고, 성공만 있을 것입니다.

GTX는 금메달 범위, 은메달 범위, 동메달 범위가

일반 역세권보다 더 넓습니다.

왜냐하면, 역과 역 사이의 거리가 멀기 때문입니다.

공항이나 항만은 국가 주요 시설로, 금메달의 범위가

도보가 아닌 차로 몇 분 걸리는 것인가를 가지고

금메달, 은메달, 동메달, 노메달 점수를 매기면 좋습니다.

부동산 투자를 할 때 은메달만 되어도 훌륭한 투자처입니다.

만일 금메달이면 묻지 마 투자가 가능합니다.

경기가 좋으면 동메달 이상은 부동산 가격이 많이 오르고,

노메달도 가격이 오르지만,

경기가 안 좋으면 동메달은

부동산 가격이 현상 유지하거나, 안 오를 수도 있습니다.

노메달은 부동산 가격이 본전이면 다행이고

대부분 하락할 것입니다.

부동산 투자를 할 때 부동산의 입지가

금메달인지, 은메달인지, 동메달인지,

노메달인지, 목메달인지를 살펴보고 투자하면

부동산 투자는 성공만 있고, 실패는 없을 것입니다.

부동산 투자 힘센 놈은 대박 나고,
힘이 세질 놈은 초대박 난다

1970년대까지만 해도 강북이 서울의 중심이었습니다.

힘이 센 서울 강북 요지에 투자해도 부동산은 대박입니다.

힘이 세지는 서울 강남에 투자하는 사람은 초대박이 났습니다.

강북 요지에 투자한 사람 중에 강남에 투자하지 못한 것을

후회하고 있는 사람도 분명히 있을 것입니다.

지금도 마찬가지입니다.

서울 투자하면 대한민국 어디보다 안전한 투자입니다.

그럼에도 서울만 고집한다면 예전의 강북에만 투자한 사람처럼

후회하는 날이 올 수도 있습니다.

힘센 서울 투자보다 힘이 세질 수도권에 투자하면

예전의 강남 투자처럼 서울 투자는 비교되지 않을

초대박 입지가 수도권에는 많습니다.

그 중심에 GTX가 있습니다.

GTX는 서울과 수도권을 압축하여 수도권을
'서울화'하는 효과가 있습니다.

즉, 어떤 곳은 서울 강북에서 강남 출근보다 빠르게
수도권에서 서울 강남 접근이 가능하다는 이야기입니다.

그것과 더불어 대기업의 공장 신설과 공장 이전이 있습니다.

다른 표현으로는 수도권의 개발 여지가
아직은 서울보다 훨씬 많다는 것입니다.

또 다른 표현으로는 힘센 서울보다 힘이 세질 수도권이
대박의 요소를 더 많이 가지고 있다는 것입니다.

부동산 투자는 힘센 놈은 대박 나고 힘이 세질 놈은 초대박 납니다.

다른 표현으로는 성숙한 도시는 대박 나고,
성장하는 도시는 초대박 납니다.

그것은 수도권에 많이 숨어 있습니다.

초대박은 찾는 사람이 임자입니다.

'묻지 마 투자'와
'보지 마 투자'

부동산에서 유명한 말 두 가지입니다.

어느 것이 위험할까요?

'묻지 마 투자'도 위험하고

'보지 마 투자'도 위험하다고 생각하는지요?

경우에 따라 맞습니다.

'보지 마 투자'는 어떤 경우에도 위험한 것이 맞습니다.

보는 것은 우리에게 많은 정보를 줍니다.

여기가 크게 돈을 벌 될 자리인가?

아니면 돈을 잃고, 안 팔리고, 애물단지가 될 자리인가?

보는 것이 중요하기에

백문이 불여일견(百聞이 不如一見)이라는 말이 있습니다.

부동산은 보면 답이 나옵니다.

답이 안 나오면 투자 안 하면 됩니다.

그래서 부동산에서 현장을 본다는 것은 매우 중요합니다.

왜냐하면, 부동산 투자는 입지가 생명이기 때문입니다.

그럼 '묻지 마 투자'도 위험한가요?

경우에 따라 위험합니다.

대한민국에서 가장 어려운 부동산 투자가 상가 투자입니다.

상가 투자는 움직이는 상권에 따라 상가의 수명이 바뀝니다.

그래서 상가 투자는 늘 조심해야 합니다.

100년 검증된 명동 상권도 코로나 시기에는 망했습니다.

그만큼 위험한 투자가 상가 투자입니다.

또 다른 이유는 대한민국은 세계에서 자영업자가

가장 많은 나라 중 하나입니다.

다른 말로 뒤집어 이야기하면 대한민국은

상가가 세계에서 가장 많은 나라 중 하나입니다.

그렇기에 상가 투자는 더욱 조심해야 합니다.

상가는 특히 비쌉니다.

평생 월급인 월세를 받고자 하는 욕심에 평생 모은 재산이

한 방에 날아갈 수가 있는 것이 상가 투자입니다.

'묻지 마 투자'가 상가 투자와 토지 투자에서는

위험할 수가 있습니다.

문제는 공짜로 전문가가 아닌 주변 사람에게,

공짜로 주변 공인중개사에서 묻는 형태가 더 위험합니다.

본인이 보고 좋다고 판단이 되면, 혹은 본인이 판단이 안 서면

제대로 된 사람하고 비용을 지불하고

현장을 동행해서 자문을 구해야 합니다.

큰돈이 걸린 투자이고,

경우에 따라 전 재산을 투자하는 것이라면

당연히 비용을 투자하여 제대로 된 전문가에게

자문을 받아야 하는 것이 정상 아닌가요?

공짜로 자문을 구하니 엉터리 자문이 됩니다.

왜냐하면, 돈도 받지 않았는데

괜히 원망받을 일이 생기면 안 되기에 묻는 순간

'요즘은 경기가 좋지 않다.',

'누가 불경기에 부동산에 투자하느냐?',

'잘 알아보고 사느냐?' 등

온갖 고춧가루를 남발하는 것입니다.

그렇기에 좋은 입지 투자는 오히려 '묻지 마 투자'가

안전할 수가 있습니다.

특히 역세권 분양은 '묻지 마 투자'가

돈을 벌 기회가 훨씬 많다는 것이 부동산의 역사입니다.

묻는 순간 돈을 벌 기회는 날아간다고 보면 됩니다.

'묻지 마 투자'는 입지가 좋거나 역세권 같은 경우에는

약이 될 수가 있고,

위치가 안 좋은 경우에는 '묻지 마 투자'가 독이 될 수도 있지만,

'보지 마 투자'는 이유 여부를 떠나 독이 됩니다.

부동산 투자의
총론과 각론

요즘 유튜브에는 진짜와 가짜가 섞여 있습니다.

특히 사기꾼 양아치 같은 사람도 많습니다.

저자가 유튜브에서 대한민국 인구가 급격히 줄고 있으니

아파트에 투자하면 망합니다.

절대 아파트 투자하면 안 됩니다.

이렇게 이야기하면 맞는 말일까요?

틀린 말일까요?

부동산 투자로 본다면 총론은 맞지만,

각론은 사기꾼이고 양아치입니다.

유튜브 사기꾼 양아치가 아파트 투자하면

거품 때문에 망하고, 인구가 줄어들어서 망한다고 이야기하지만,

아직도 오르는 아파트가 많이 있습니다.

자극적으로 망한다는 표현으로 구독자 끌어모으는

양아치 사기꾼에 불과합니다.

부동산 투자는 각론으로 접근해야 합니다.

여기는 기업이 몰려와서 부동산 투자가 유망합니다.

여기는 인구가 빠져나가서 투자하면 안 됩니다.

이렇게 각론으로 짚어주지 않고,

총론으로만 부동산 가격에 거품이 많다는 거품론과

인구가 급감하기에 부동산 투자하면

망한다는 공포를 심어주는 것은

부동산 투자로 돈 벌 기회를 박탈하는 범죄 행위입니다.

그래서 저자는 양아치 사기꾼이라 표현하는 것입니다.

지금 유튜브에는 지식산업센터가 공실이 많다.

절대 투자하면 안 된다고 무차별적으로 공격하고 있습니다.

그럼에도 오르는 지식산업센터는 많습니다.

아파트는 사람이 사는 공간이고,

지식산업센터는 기업의 공간입니다.

지식산업센터가 공실이 많은 곳은 이유가 있습니다.

과잉 공급이 된 곳이거나,

기업이 없는 곳이거나,

지하철(전철)이 없는 곳,

이렇게 3가지 이유가 주된 이유입니다.

하나를 더하자면 코로나로 인한 재택근무는

지식산업센터의 공실을 가중시킨 주원인이기도 합니다.

이제 코로나도 끝났습니다.

재택근무도 따라 끝났습니다.

게다가 이제는 지식산업센터 공급이 쉽지 않습니다.

자재비는 폭등하였습니다.

PF 대출이 안 되고 있습니다.

2024년 1월~3월 태O건설발 건설업계 위기는

더욱 PF 대출을 옥죄고 있습니다.

지금이 좋은 지식산업센터를 골라잡을 기회이기도 합니다.

앞으로 지식산업센터로 큰돈을 벌 기회가 또 올 것입니다.

지식산업센터는 아파트와 똑같은 부동산입니다.

분양받은 시기가 공급이 과잉이라면

아파트도 지식산업센터도 다 손해를 봅니다.

또 분양받은 입지가 좋으면 수익을 보고,

나쁘면 손실을 보는 것은 당연합니다.

색안경을 끼고 볼 필요가 없다는 이야기입니다.

더 이상 유튜브 부동산 총론으로 구독자를 끌어모으기 위해

거품을 무는 양아치 사기꾼에게 속아

큰돈을 벌 기회를 박탈당하지 않기를 바랍니다.

아파트 가격 오르는 것과
수익형 부동산 가격 오르는 것

아파트는 통상 본인이 거주하면서 시세 차익을 누리는 부동산입니다.

아파트를 구입할 때 보통은 50~60% 대출을 포함하여 구입합니다.

통상 10년이면 2배 오른다고 가정하면 (대출 60% 가정),

즉 5억 원(대출 3억 원 포함)에 구입한 아파트가 10억 원이 되었다면

아파트 가격이 오르는 동안 매달 이자를 납부하여야 합니다. (이자 3% 가정)

3억 원 × 3% × 10년=90,000,000원(매월 750,000원 10년 납부)

10년간 매월 750,000원을 대출 이자로 납부하는 것은

쉽지 않은 고통입니다.

5억 원에 구입한 아파트가 10억 원이 되는 과실을 맛보려면

고통을 기꺼이 감수해야 한다는 것입니다.

이는 자기 돈 2억 원을 투자하여 10년 동안에 5억 원을 번 것입니다.

순자산 증가를 보려면 이제까지 납부한 이자 총액

90,000,000원을 공제한 순자산이 410,000,000원

증가한 기쁨을 맛볼 수가 있는 것입니다.

사실 월급으로 10년간 410,000,000원 모으기가

현실적으로 불가능할 정도로 어려운 일입니다.

대출 이자 납부가 쉬운 일은 아니지만,

중간에 대출 이자가 오른다면

매월 납부하는 월 부담도 증가하고 고통도 증가하지만,

아파트 시세 차익이 주는 즐거움에

우리는 참고 버티는 것이 현실입니다.

물론 퇴직이나 사업부진 등 기타의 이유로

대출 이자를 납부하는 것을 더 버티지 못하고

중간에서 아파트를 파는 경우도 있습니다.

이것이 아파트 가격이 오르는 일반적인 모습입니다.

수익형 부동산은 월세를 받는 목적으로 투자하는 부동산입니다.

수익형 부동산도 10년이면 2배 오른다고 가정하면 (대출 80% 가정)

분양가 5억 원, 대출 4억 원(분양가의 80% 대출),

즉 5억 원(대출 4억 원 포함)에 구입한 수익형 부동산이

10억 원이 되었다면 10년간 매달 순월세를 받습니다.

순월세 1%(월세 − 은행 대출 이자 = 1% 가정)

5억 원 × 1% × 10년=50,000,000원(매월 약 41만 원 월세 받음),

10년간 매월 약 41만 원을 순월세로 받는 것

결코 적은 돈이 아닙니다.

매월 임대료 받는 날이 기다리는 행복입니다.

5억 원에 구입한 월세 받는 수익형 부동산이 10억 원이 되는 동안

월세로 행복을 누리면서 기다리기만 하면 된다는 것입니다.

중간에 매년 5%까지 임대료 인상할 수 있는 보너스도 있습니다.

이는 자기 돈 1억 원을 투자하여 10년 동안에 5억 원을 번 것입니다.

순자산 증가를 보려면 이제까지 받은 순월세 총액

50,000,000원을 합하면 순자산이 550,000,000원 증가한

기쁨을 맛볼 수가 있는 것입니다.

아파트는 2억을 투자하여 4.1억 원을 버는 것에 비하면

수익형 부동산은 1억을 투자하여 5.5억을 버는 부동산으로

가성비가 정말 좋은 투자처입니다.

아파트 투자와 수익형 부동산 투자로 10년에 평균 2배 수익을

보는 것은 입지만 좋다면 그렇게 어려운 일이 아닙니다.

위치만 좋다면 3배 오른 곳도 있습니다.

월세 받는 수익형 부동산의 임대료는 보통 조금씩 오릅니다.

저자가 만난 사람은 월세가 잘 나오면 팔 이유가 없다고 합니다.

그래서 월세 잘 나오는 수익형 부동산은 매물은 적고

살 사람은 대기하여 시세가 계속 오르는 추세입니다.

100세 장수 시대에 부동산 월급보다 좋은 것은 없다는 것을

너무나 잘 알고 있기 때문입니다.

특히 퇴직(은퇴)한 사람은 부동산 월급이 주는 소중함과

부동산 월급이 주는 기쁨과 행복을

누구보다도 절실히 느끼고 있습니다.

아파트 가격이 오르는 것과 수익형 부동산 가격이 오르는 것은

대출을 활용한 시세 차익의 차이도 크지만,

아파트 가격은 꾸준히 대출 이자를 납부하는 고통을 감내하여야만

시세 차익이라는 과실을 먹을 수 있는 것이지만,

수익형 부동산은 매월 순월세를 받으면서

행복하게 시세 차익이라는 과실을 먹는 것이 큰 장점입니다.

현대 힐스테이트 아파트, 삼성 래미안 아파트가 많이 오르는 이유를 아시나요?

많은 사람은 브랜드 가치 때문에 오른다고 말합니다. 맞습니다.

브랜드 가치 때문에 다른 브랜드 아파트보다 많이 오릅니다.

브랜드 가치가 다른 브랜드 아파트보다

많이 오르는 이유 전부인가요?

또 다른 이유가 있습니다.

현대건설과 삼성물산 건설 사업부가

땅을 매입해서 자체 사업만 하는 것은 아닙니다.

그것보다는 시공하는 사업을 더 많이 합니다.

현대 힐스테이트 아파트와 삼성 래미안 아파트가

다른 브랜드보다 많이 오르는 또 다른 이유는 다음과 같습니다.

땅을 가진 사업주나 분양 사업을 시행하는 사업주는

입지가 좋다고 판단이 되면

먼저 현대와 삼성 같은 탑 브랜드에 사업 검토를 의뢰합니다.

만일 사업 진행이 되면 사업 진행 속도가 붙고

분양이 잘되기에 빨리 돈을 벌 수가 있습니다.

탑 브랜드에서는 여기저기서 받은 사업제안서를 면밀히 검토하여

분양성과 사업성을 따져 우선순위로 사업을 진행합니다.

탑 브랜드에서 사업성을 인정받았다는 것은

기본적으로 입지가 뛰어난 것임이 증명된 것과 같습니다.

그러니 타 브랜드보다 가격이 많이 오르는 것입니다.

만일 사업제안서를 제대로 검토 못 하여 미분양이 발생하였다면

탑 브랜드 회사는 명성에서 큰 상처를 입습니다.

자존심이 상합니다.

그래서 분양이 될 사업만 시공합니다.

만일 자신이 없다면 사업제안서를 거절합니다.

탑 브랜드에서 거절을 받으면

점차 브랜드가 약한 회사로 내려갑니다.

그렇기에 건설 회사는 양질의 사업 검토를 많이 받기 위해서

브랜드 가치를 높이기 위해 많은 노력을 하기도 하고,

심지어는 새로 브랜드를 만들기도 하며,

브랜드 관리에 신경을 많이 쓰며,

TV 등 많은 광고를 하는 것입니다.

브랜드 가치가 올라야 아파트 가격도 많이 오르며,

아파트 가격의 상승은

신규 분양 시에 완전 판매라는 촉진제로 활용될 뿐만 아니라

좋은 사업제안서를 많이 받는 선순환 구조를 불러오기 때문입니다.

탑 브랜드는 이미 이런 선순환 구조를 만들었기에

다른 브랜드 아파트보다 더 많이 오르는 것입니다.

부동산 투자는
인구가 돈이다

부동산 투자에서는 인구가 돈이고, 기업체가 돈이라는 사실은
누구나 알고 있습니다.

인구는 상주 인구와 유동 인구로 나눕니다.

서울의 상주 인구는 1992년 1,097만 명을 정점으로,

2024년 현재 934만 명으로 약 163만 명이 감소하였습니다.

그럼에도 서울의 부동산 가격이 오르는 것은

상주 인구가 163만 명이라는 엄청난 감소에도 불구하고

유동 인구는 오히려 증가한 것과 인플레이션 영향 때문입니다.

부동산 투자는 아파트, 오피스텔, 상가, 지식산업센터 등

어떤 상품에 투자할 것인가에 따라

유동 인구와 상주 인구를 유심히 살펴보아야 합니다.

아파트 투자는 상주 인구 기준입니다.

상주 인구는 누구나 살고 싶은 삶의 기준이 되기에

상주 인구 기준입니다.

그럼 상가는 어떨까요?

상가 투자는 유동 인구에 중심을 두고 투자해야 합니다.

대표적인 상가가 명동 상가, 남대문 상가, 홍대 상가 등

전부 다 유동 인구에 초점이 맞추어 있습니다.

상주 인구가 많다고 상가가 생각보다 장사가 안되는 것은

많은 사람이 출근하는 낮에는 사람이 없기 때문에

상주 인구가 많은 곳은 영업 시간의 한계가 있습니다.

그런 면에서 오피스텔, 상가, 지식산업센터는

유동 인구의 중요성이 매우 큰 부동산입니다.

특히 지식산업센터는 유동성이 중요한 요소이기도 하지만

주변에 기업이 어느 정도 포진하여 있느냐는

지식산업센터에 더 중요한 요소입니다.

그런 면에서 지식산업센터 투자는 많은 기업체가 포진하고 있고,

역세권이라 유동 인구까지 풍부한 1호선 경기 남부의 역세권은

기업체의 풍부한 배후 수요와 역세권이라는 유동 인구까지

두 마리의 토끼를 다 잡는 좋은 투자처이기도 합니다.

서울만 부동산
투자를 합니다

저자가 만난 사람 중에 서울만 부동산 투자를 한다는 사람도
제법 있었습니다.

한편으로는 부럽기도 했습니다.

얼마나 돈이 많으면 서울만 투자를 한다고 할까요?

심지어는 서울 강남만 투자한다는 사람도 만났습니다.

그런 사람 중에 반은 진짜였고 나머지 반은 허풍이었습니다.

그럼에도 부러운 것은 어쩔 수가 없네요.

서울 투자는 기본적으로 수도권 투자보다 큰돈이 필요합니다.

강남은 더 큰돈이 필요합니다.

이런 불경기에 투자할 큰돈이 있다는 것이 부럽기도 하지만,

안타까운 마음이 드는 것도 사실입니다.

투자는 기본적으로 수익을 먹는 상품입니다.

비싼 서울, 특히 강남은 오르겠지요?

과연 앞으로 몇 배 더 오를까요?

서울은 성숙된 도시입니다.

성숙된 도시는 성장하는 도시를 투자 수익 면에서

이길 수가 없습니다.

대신 서울 투자는 안정성이 수도권보다 좋겠지요?

서울만 부동산 투자를 한다는 사람을 보면,

서울 강남만 부동산 투자를 한다는 사람을 보면,

1970년대 서울 강북만 투자하기를

고집하는 사람이 왜 생각날까요?

지금도 수도권은 새로운 역세권이 생깁니다.

이런 곳은 성장하는 곳입니다.

성장하는 곳의 부동산 가격은 상상보다 많이 오를 것입니다.

많이 오르는 곳은 서울만큼 혹은

서울보다 더 안전한 부동산입니다.

성숙한 도시 서울 투자만 고집한다면

성장하는 도시에 대한 투자의 기회가 대폭 줄어들지 않을까요?

GTX
수혜 지역

드디어 GTX 시대가 열립니다.

GTX-A 노선부터 시작하여 차근차근 열리기 시작합니다.

김문수 전 경기도지사가 2008년 대심도전철로

꿈을 심은 지 15~16년 만에 결실을 봅니다.

GTX 노선의 수혜는 누가 볼까요?

위치적으로는 강남 삼성역이 가장 많이 보겠지요?

GTX-A 노선과 C 노선이 환승이 가능하니까요?

그럼에도 GTX 노선의 직접적인 수혜는

경기도민이 가장 많이 봅니다.

그러니까 김문수 전 경기도지사가 적극적으로 추진하였지요?

GTX 노선은 경기도를 더욱 서울과 가깝게 만들었습니다.

어떤 지역은 서울 강북에서 강남 넘어가는 시간보다

더 가깝게 만들었습니다.

경기도민에게 축복과 같은 선물입니다.

부동산 역시 GTX 수혜를 가장 많이 볼 것입니다.

인구가 가장 많은 경기도지사는 적어도 이런 선물을

많이 만들어야 합니다.

그런 면에서 김문수 전 경기도지사의 업적을

GTX 시대를 맞이하여 이 책에 기록하고자 합니다.

김문수 전 경기도지사가 대심도 전철 개념도 없는 시대에

심어준 새로운 교통 혁명 GTX로

행복한 경기도민과 새로운 경기도를 꿈꾸어 봅니다.

GTX 수혜 지역 유심히 보세요.

돈이 될 것입니다.

부동산 투자로 돈을 벌 또 한 번의 기회가

더 주어지는 것이 GTX입니다.

트리플 특례시 혜택을
누리는 도시 오산시

경기 남부에 트리플 특례시 혜택을 누리는 도시가 있습니다.

약 120만 명의 인구를 가진 수원 특례시,

약 109만 명의 인구를 가진 용인 특례시,

약 103만 명의 인구를 가진 화성 특례시의 혜택을 누리는 도시입니다.

이 도시는 일자리 천국의 도시이기도 합니다.

아래에는 삼성전자가 투자한 평택시가 있습니다.

위로는 삼성전자가 투자한 수원 특례시가 있습니다.

좌측에는 화성 특례시가 있습니다.

우측에는 삼성전자와 SK하이닉스가 투자하고 있는

용인 특례시가 있습니다.

어느 도시일까요?

부동산 투자에서 이만큼 투자 환경 좋은 입지가 별로 없습니다.

그래서 농담 삼아 "오산시를 모르면 오산입니다."

저자는 이렇게 아재 개그를 하기도 합니다.

많은 사람이 생각만큼 오산시를 잘 알지 못합니다.

왜냐하면, 오산시는 화성 특례시 안에 위치하기 때문에

화성 특례시와 함께 묶어가는 경향이 있는 도시이기 때문입니다.

나중에 화성 특례시와 오산시는 지금보다 더 큰

하나의 도시가 될 가능성도 충분히 가지고 있기도 합니다.

2024년 오산시 인구 약 24만 명으로, 인구 50만 명 도시를

목표로 도시가 성장하고 있습니다.

인구가 2배 정도 늘어난다면

부동산 가격은 적어도 4배 정도 오릅니다.

인구가 지속적으로 늘어나고 있고,

기업체의 배후 수요가 많고,

1호선이라는 역세권 도시 오산시 눈여겨 살펴보면

부동산의 좋은 투자처가 될 것입니다.

트리플 특례시 혜택을 누리는 도시 오산시

부동산 투자로는 볼수록 매력 있는 볼매 도시입니다.

아바타
만들기

나의 아바타는 어디에 있을까요?

배우자일까요?

자녀일까요?

나 대신 일해 줄 나의 아바타는

나에게 또 다른 월급을 주는 고마운 존재입니다.

나에게 또 다른 월급을 주는 아바타를 가장 쉽게 만들 수 있는

방법이 소액으로 투자 가능한 월세 나오는 부동산입니다.

분양을 받는다면 진짜 소액으로도 투자 가능하겠죠?

분양가가 저렴하다면 좋겠죠?

대출을 많이 해 준다면 더 좋겠죠?

게다가 중도금을 무이자로 대출해 준다면 더욱 좋겠죠?

더군다나 역세권이나 정말 좋은 위치라면 금상첨화입니다.

과연 그런 조건의 부동산이 남아 있을까요?

지금은 불경기라서 잘 찾아보면 있습니다.

만일 경기가 좋다면 이렇게 좋은 부동산은

이미 다른 사람이 가져갔겠죠?

불경기는 서민이 부동산으로 돈을 벌 수 있는

가장 좋은 기회입니다.

다른 사람이 움직이지 않을 때가 부동산 투자 적기입니다.

불경기 때에 입지 좋은 부동산으로

나의 아바타를 만들어 놓는다면 나의 미래가 밝고,

나의 노후가 안심이 될 것입니다.

나의 아바타는 내가 휴가 때도, 내가 아플 때도,

나를 위해 돈을 버는 완벽한 맞벌이가 될 것입니다.

불경기인 지금이 나의 아바타를 만들 기회입니다.

왜냐하면, 불경기는 부동산 가격이 가장 저렴하기 때문입니다.

지금 소득보다
월 100만 원이 더 생긴다면

만일 지금보다 월 100만 원 더 생긴다면 어떤 일이 일어날까요?

많은 회사원은 월 100만 원 더 주는 회사로 옮길 것입니다.

자녀를 키우는 엄마는 학원을 하나 더 보낼 궁리를 할 것입니다.

어떤 가정은 월 100만 원씩 저축을 더 할 것입니다.

또 어떤 가정은 월 100만 원이 더 생긴다면

은행에서 3억 정도 빌린 대출 이자를 감당할 수 있기에

내 집 마련을 할 것입니다.

어떤 사람은 평소에 하고 싶었는데

경제적 여건 때문에 못하고 있었던

자기계발이나 혹은 여행을 다닐 것입니다.

매월 100만 원이 더 생긴다면

이로 인해 생기는 행복감은 무척 클 것입니다.

만일 은퇴한 사람에게 100만 원이 생긴다면 어떤 일이 생길까요?

은퇴한 사람 100만 원은

현업에 있는 사람 200만 원보다 큰돈입니다.

정말 하고 싶은 일이 많겠죠?

친구에게 술 한잔 살 수도 있습니다.

경제적 부담 때문에 경조사를 외면하고 살았는데

경조사 참가도 할 수가 있을 것입니다.

부부와 함께 국내여행을 자주 갈 수도 있고,

1년에 한 번 정도는 동남아 해외여행도 갈 수가 있을 것입니다.

이 모든 것들을 가능하게 하는 것이

월 100만 원의 추가 소득입니다.

은행 이자로 월 100만 원을 받으려면 3~4억 원을

은행과 저축은행에 예금으로 맡겨야 하는 큰돈입니다.

만일 수익형 부동산으로 월 100만 원을 마련하고자 한다면

대출 조건에 따라 다르지만,

실투자금 1억 원이면 충분한 부동산이 많습니다.

경우에 따라 실투자금 5,000만 원에도 가능한 상품이 있습니다.

소액으로 월 100만 원의 행복을 누리면 좋겠습니다.

용기만 낸다면 당신도 월 100만 원

추가 월급의 주인공이 될 수도 있습니다.

지금 소득보다 월 100만 원이 더 생긴다면

많은 사람에게 행복을 선물할 것입니다.

월 100만 원 추가로 받는 행복의 주인공이

당신이 되기를 축복합니다.

월세 받는 것과
이자 내는 삶

같은 부동산에서 매월 받는 월세가 많을까요?

아니면 은행에 납부하는 대출 이자가 많을까요?

계산이 안 된다면 지금 사용하고 있는 건물에

매월 납부하는 임차료가 많을까요?

지금 사용하고 있는 건물을 은행 대출로 구입하였다고 가정하면

대출 이자가 많을까요?

지금 받는 월세보다 매월 납부하는 대출 이자가 많다면

일시적이면 기다리면 되는 것이고,

반등할 기미가 안 보인다면 잘못 투자한 것입니다.

지금 매월 납부하는 월세가 은행 대출로 구입 시

대출 이자보다 적다면 계속 월세로 운영하는 것이 유리합니다.

그러나 보통은 매월 받는 월세가

매월 은행에 지불하는 대출 이자보다 많습니다.

그렇기에 수익형 부동산이 존재하는 이유이기도 합니다.

월세는 매년 오릅니다.

5% 룰만 지킨다면 끝도 없이 오르는 것이 월세입니다.

월세가 오르면 따라서 오르는 것이 부동산의 가격입니다.

지금 월세를 은행 이자보다 많이 내고 있다면

월세 받는 수익형 부동산에 투자 안 할 이유가 없습니다.

매년 부동산 월세는 오르지만 대출 이자는 매년 오르나요?

대출 이자는 오르기도 하고 내리기도 합니다.

대출 이자 추세는 하락 안정화입니다.

왜냐하면, 대한민국은 이미 고도 성장 시기를 끝냈기에

과거처럼 고금리가 나올 수가 없는 구조입니다.

매년 오르는 월세를 감당할 것인가?

아니면 용기를 내어 대출로 부동산을 구입하여

은행 이자를 낼 것인가?

선택은 본인이 하지만 저자 책

『돈을 빌리는 사람, 부동산을 빌리는 사람』에 나온 것처럼

부동산을 빌리는 사람은 돈을 빌리는 사람을 이길 수가 없습니다.

월세는 받고, 대출 이자는 내는 것,

이것은 부자로 가는 또 하나의 사업입니다.

부동산 투자는
상식으로 투자 가능합니다

투자의 세계에서 어려운 투자도 있고, 쉬운 투자도 있습니다.

어려운 투자는 확률적으로 많은 사람이 돈을 잃는 투자입니다.

공부를 많이 하고 실력이 있어야, 돈을 잃지 않거나,

돈을 벌 수 있는 투자 세계입니다.

가장 대표적인 곳이 개인이 하는 주식 투자 세계입니다.

그래서 주식 투자에서는 공부를 안 하거나,

실력이 없다면 바로 손실 봅니다.

쉬운 투자는 확률적으로 많은 사람이 돈을 버는 투자입니다.

바로 부동산 투자의 세계입니다.

부동산 투자는 상식만 있어도 돈을 벌 수가 있습니다.

우리가 알고 있는 대표적인 상식입니다.

역세권은 돈이 된다.

대단지가 좋다.

나 홀로 아파트는 피하라.

브랜드 있는 아파트가 좋다.

먼저 사는 사람이 이긴다.

늦게 파는 사람이 이긴다.

분양만 잘 받으면 돈을 번다.

기타 등등 수많은 부동산 투자 상식을

우리는 머리로 알고 있습니다.

우리가 부동산이 돈이 된다는 것을 머리로 알고 있음에도 불구하고

서민이 많고, 가난한 사람이 많은 것은

투자에 대한 두려움 때문에 용기를 못 내고 있습니다.

그리고 시간이 가면 '그때 투자할 걸…' 하고 후회합니다.

부동산 투자 상식만으로 투자해도 실패는 없습니다.

상식이라는 것은 많은 다른 사람도 그렇게 생각한다는 것입니다.

사람의 군중 심리가 스며든 것이 상식입니다.

부동산 투자 어렵게 생각하지 말고, 상식적으로 투자하면 됩니다.

상식적으로 가능한 부동산 투자 그래서 두려운 것이 아닙니다.

용기만 낸다면 누구나 부동산 투자로 돈을 벌 수가 있고,

누구나 부자가 될 수가 있는 것이 바로 부동산 투자입니다.

대출을 어떻게
생각하는지요?

여러분은 대출을 어떻게 생각하는지요?

대출을 빚이라고 생각하는지요?

아니면 대출을 신용 자산이라고 생각하는지요?

대출을 빚이라고 생각하는 사람은

돈이 생기면 빚부터 갚는 사람입니다.

대출이 있으면 불편한 사람이 대부분입니다.

시골 출신은 대출은 빚이라고 생각하는 사람이

도시 출신보다 많습니다.

시골 출신은 1년에 월급이 2번이라고 눈으로 배웠습니다.

보리 수확하고 1번, 쌀 수확하고 1번, 이렇다 보니

빚을 갚는 것이 쉽지 않습니다.

또 조선 시대와 그 이전부터 빚은

무서운 공포와 같은 것이었습니다.

봄 보릿고개 춘곤기에 빌린 식량에 대한 빚이

가을에 쌀 수확 후 장리 빚으로 갚는 공포가

나이 든 사람은 유전적으로, 본능적으로 깔려있습니다.

이런 생각을 가진 부모와 생활하다 보면 자연스럽게 빚은

무서운 것이라는 것을 알게 되는 것입니다.

본능적으로, 무의식적으로 빚은 무서운 것이라는

조기 교육이 된 것입니다.

그래서 빚내는 것 자체를 무서워하고,

빚이 있으면 불편하고 두려워하며, 빨리 갚고자 노력합니다.

맞습니다.

빚 자체는 엄청 무서운 것입니다.

특히 갚을 대책 없는 빚은 더욱 무서운 것입니다.

이런 사람의 유형이 빨리 저축하여

내 집 마련하고자 하는 유형입니다.

저축만으로 내 집 마련이 쉽지 않습니다.

그때 나오는 구원투수가 부모가 도와준 전세 자금입니다.

그럼에도 대출을 활용하는 것이 익숙하지 않아

도시 출신보다 집을 늦게 사는 것이 일반적입니다.

만일 대출을 활용하여 아파트를 구입하면

대출이 있는 것 자체가 불편하여

무엇보다 먼저 대출금을 갚고자 노력하는 사람입니다.

반면 대출을 신용 자산이라고 생각하는 사람은

신용 자산을 활용하여 돈을 벌고자 하는 사람입니다.

대출을 무서워할 이유가 없는 것이지요?

어떻게 하면 대출을 빨리 받고자 노력하며,

대출을 더 많이 받고자 노력합니다.

대출을 받은 돈을 활용하여 부동산(아파트, 집)을 빨리 샀기에

부동산 가격이 오르는 달콤한 열매를 딸 수가 있었습니다.

또 오르는 부동산을 활용하여 추가 대출로

또 부동산에 투자하는 선순환 자산 증식 구조를 만들 수가 있는

것이지요?

이런 사람이 빚을 무서워하겠습니까?

빚을 내는 것은 능력이라고 믿는 사람이고,

신용은 자산이라고 믿는 사람입니다.

이런 사람은 부동산 조기 교육을

어릴 때부터 눈으로 받은 도시 출신이 시골 출신보다 많습니다.

대출을 빨리 갚기보다는

또 다른 투자처를 찾고자 노력하는 사람입니다.

빚 = 대출 = 신용 자산

빚 = 대출이라는 사람은

부동산으로 부자가 될 유전자는 없는 사람입니다.

부동산은 근본적으로 대출을 활용하지 않고는

구매할 수가 없는 고가의 상품이기 때문입니다.

대신 주식 투자에서 맞는 투자 방식이 '빚 = 대출'입니다.

주식 투자의 빚은 무조건 갚아야 할 두렵고, 불편하고,

무서운 존재이기 때문입니다.

신용 투자만 없다면 삼성전자와 같은 초우량주는

시간의 문제이지만 원금 회복할 가능성은 늘 있기 때문입니다.

대출 = 신용 자산이라는 사람은

부동산으로 부자가 될 유전자가 있는 사람입니다.

부동산은 고가이기에

저축만으로 살 수 있는 상품이 아니기 때문입니다.

반면 주식 투자하는 사람은 안 맞는 투자 방식이

대출 = 신용 자산입니다.

왜냐하면, 개인(개미)이 주식 투자에서 신용 투자를 한다는 것은

빨리 원금을 탕진하는 지름길입니다.

신용 투자는 바로 죽음입니다.

부동산에서 대출에 관한 여러분의 생각이 부의 차이를 만듭니다.

　　대출 = 빚

　　대출 = 신용 자산

투자하는 상품에 따라

대출에 대한 생각이 바뀌어야 하는 것이기도 합니다.

거꾸로 투자하면 바로 죽습니다.

부동산을 구입할 때는 대출 = 빚이라고 생각하여

대출을 활용하지 않고 저축만 고집하여 부동산 투자를 한다면

저축만으로 부동산을 구입하기도 힘들고,

따라서 부자 되기도 힘듭니다.

주식 투자할 때에는 대출 = 신용 자산이라고 믿고

신용 대출을 활용하여 투자하면

수익은 고사하고 투자 원금이 깡통이 되어

돈이 바로 죽습니다.

대출을 대하는 생각이 나를 부자로 만들기도 하고,

나를 가난하게 만들기도 합니다.

대출을 활용하는 방법이 나를 부자로 만들기도 하고,

나를 가난하게 만들기도 합니다.

선택은 당신이 합니다.

대출의
비밀

부동산으로 돈을 버는 1원칙은 좋은 입지를 발굴하는 것입니다.

그럼 부동산으로 돈을 버는 2원칙은 무엇일까요?

저자는 바로 대출에 있다고 생각합니다.

대출에 있다고 생각하는 이유는 다음과 같습니다.

우리가 저축을 하면 1년에 얼마를 모을 수가 있을까요?

자녀를 키우는 맞벌이 부부도

년 5,000만 원 모으기가 쉽지 않습니다.

혼자 벌면 년 3,000만 원 모으기가 쉽지 않습니다.

만일 연 5,000만 원을 10년간 모으면 5억이 조금 넘습니다.

지금도 5억 원 하는 아파트가 있는 동네도 있고,

없는 동네도 있지만,

만일 마음에 드는 아파트를 5억 원에 구할 수 있다고 가정하면

과연 돈을 모으는 10년 후에는 5억 원 하는 아파트가 존재할까요?

오르는 땅 가격과 오르는 공사비(자재비 인상 + 인건비 인상),

제반 비용 인상을 감안하면 있을 수가 없습니다.

적어도 8~10억 원은 가겠지요?

저축으로만 아파트를 구입한다고 계속 시도한다면

닭 쫓던 개 지붕 쳐다보는 결과를 반복하겠지요?

대출을 활용하면 아파트를 오르기 전의 가격으로 살 수가 있습니다.

대출로 구입한 아파트 가격의 상승으로 인한 시세 차익으로

은행 대출 이자를 갚아도 남으니까 대출을 받는 것이 아닙니까?

대출은 부동산으로 돈을 버는 2원칙이고,

대출에는 용기가 반드시 필요하기에 3원칙은 바로 용기입니다.

대출의
효과

부동산 투자는 대출이 필수라고 말합니다.

그럼에도 불구하고 대출 없이 부동을 구입하는 사람도 있습니다.

대출 없이 구입한 사람, 대출을 60% 활용한 사람, 대출을 90% 활용한 사람의 투자 수익을 비교하겠습니다.

1. 부동산 대출 0%, 부동산 구입가 5억 원

   5억 원 → 10억 원 → 15억 원 → 20억 원(가격 상승 시)

   자기 돈 5억 투자 수익, 대출0%(대출 0원, 자기 돈 5억)

   0 → 5억 원 → 10억 원 → 15억 원

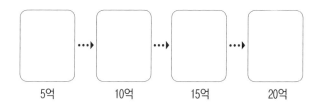

2. 부동산 대출 60%(대출 3억 원), 부동산 구입가 5억 원

    5억 원 → 10억 원 → 15억 원 → 20억 원(가격 상승 시)

    자기 돈 2억 투자로 투자 수익

    2-1. 0 → 5억 원 → 10억 원 → 15억 원

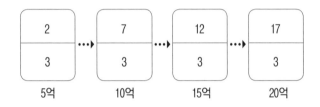

    2-2. 자기 돈 5억 투자 수익, 부동산 대출 60%(대출 7.5억,
    합 12.5억 원)

    12.5억 원 → 25억 원 → 37.5억 원 → 50억 원(가격 상승 시)

    0 → 12.5억 원 → 25억 원 → 37.5억 원

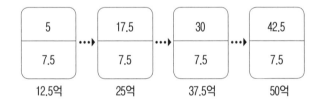

3. 부동산 대출 90%(대출 4.5억 원), 부동산 구입가 5억 원

5억 원 → 10억 원 → 15억 원 → 20억 원(가격 상승 시)

3-1. 자기 돈 0.5억 투자로 투자 수익

0 → 5억 원 → 10억 원 → 15억 원

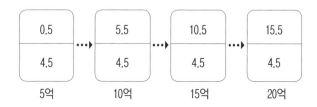

3-2. 자기 돈 5억 투자 수익, 부동산 대출 90%(대출 45억 합, 50억 원)

50억 원 → 100억 원 → 150억 원 → 200억 원(가격 상승 시)

0 → 50억 원 → 100억 원 → 150억 원

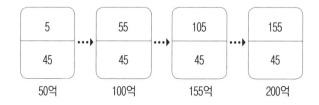

이렇게 대출을 활용한 투자 수익의 효과가 크기에

부동산 투자를 할 때는 많은 사람이

대출을 활용하여 돈을 벌기도 하며 부자가 되는 것입니다.

아파트 투자할 돈으로

대출이 많이 되는 부동산 투자를 하면

건물주가 될 수도 있는 것입니다.

가장 대출을 많이 해주는 부동산이

경매 시장과 지식산업센터입니다.

대출의
무서움

모든 일은 과유불급이라고 했습니다.

부동산 투자는 특별한 경우를 제외하고는

대출이 반드시 필요하다고 강조하였습니다.

그럼에도 대출의 위험성을 이야기하지 않을 수가 없습니다.

부동산 가격이 무섭게 오를 때 대출은 위험할 수가 있습니다.

특히 부동산 가격이 상투일 때는 매우 위험합니다.

저금리에는 대출을 우습게 보는 경향이 있습니다.

너도나도 대출을 활용하여 부동산에 투자하기에

부동산 가격이 많이 오릅니다.

특히 제로금리에는 더욱 대출을 우습게 봅니다.

부동산 가격에 버블이 많아 부동산 가격이 매우 비쌉니다.

이때 부동산을 영원히 갖지 못할 것 같은 공포가

우리를 무리하게 대출을 활용하여 부동산을 구입하게 합니다.

제로금리, 저금리 때문에 우습게 보는 대출이

이때 우리를 배신합니다.

정부가 기준 금리를 올릴 수가 있습니다.

때때로 갑자기 올리기도 합니다.

무섭게 기준 금리가 올라가면 따라서 대출 금리가 올라가고,

대출 금리가 부동산 가격을 하락하게 하고, 급락하게 하여,

부동산 거래를 실종시킵니다.

이것이 우리를 갑자기 힘들게 만들며,

우리를 나락으로 빠뜨리기도 합니다.

대표적인 것이 하우스 푸어이며, 영끌족입니다.

대출은 부동산에서 보통은 약이지만

제로 금리의 끝물이거나 부동산 가격 상투일 경우에는

서민에게 독약이 됩니다.

대출을 할 경우에는 금리가 인상될 가능성이 있거나

부동산의 거품이 많을 때는 무조건 피해야 합니다.

하우스 푸어, 영끌족 겪어보지 않고는

매월 매월 다가오는 피를 말리는 고통을 알지 못합니다.

집값의 폭등으로 대출의 유혹이 있을 때에는

신중해질 필요성이 있습니다.

그것이 하우스 푸어와 영끌족이 되지 않는 길입니다.

소형 자동차 가격으로
부동산 부자 되기

우리가 부동산 투자를 염두에 둔다면

적어도 1억 원은 있어야 투자가 가능하다고 생각합니다.

부동산 가격은 적어도 2억 원 이상 합니다.

그래서 그런 생각을 하는 것이 당연합니다.

요즘은 예전과 달리 대출 시스템이 잘 되어 있습니다.

그래서 신용 관리가 중요합니다.

어떤 상품은 계약금 10%, 어떤 상품은 계약금 20%, 심지어는

계약금 5%로 주인이 될 기회가 주어지는 부동산도 있습니다.

중도금은 이자 후불제도 있고

경우에 따라 무이자 대출도 있습니다.

사업하는 회사 입장에서는

분양을 촉진하기 위해 다양한 프로모션을 진행합니다.

대표적인 프로모션이 계약금을 낮추거나,

중도금 무이자 대출입니다.

그것도 부족하여 서민이 쉽게 투자할 수 있도록

투자금 2~3천만 원이면 투자 가능한 상품을 만들기도 합니다.

평수를 줄이면서 분양 가격을 2~3억대로 맞추면,

계약금 10%이면 2~3천만 원이면 투자 가능합니다.

이런 정책은 시행 회사는 분양이 잘되어 좋고,

서민은 소액으로 돈 벌 기회가 생겨

서로서로 도움이 되는 것입니다.

이것이 대한민국 수익형 부동산의 분양 역사입니다.

수익형 부동산 분양은 특별한 경우를 제외하고는

늘 서민이 접근하기 좋게 만들었습니다.

그래서 소형 자동차 가격으로

부동산 주인이 될 수가 있는 것입니다.

소형 자동차는 감가상각으로

시간이 갈수록 가격이 하락하지만,

소형 부동산은 시간이 갈수록 월세가 오르면서,

부동산 가격도 오르는 자산이 됩니다.

오르는 물가의 대장은 부동산입니다.

더 이상 무슨 말이 필요하겠습니까?

부자가 되는 가장 쉬운 길,

소액부터 부동산 투자로 시작하세요.

잘 보면 소형 자동차 가격으로

투자 가능한 상품도 많이 있습니다.

소형 자동차 가격으로 부자가 되는 길이 있습니다.

월급과
퇴직

우리가 일을 하는 대가로 월급을 받습니다.

장사하는 사람과 보험설계사를 비롯한 프리랜서는

거기에 상응하는 월급을 가져갑니다.

월급은 현대인에게 생명줄과 같은 존재입니다.

저자도 유원건설 다닐 때 회사가 어려워 급여를

몇 달 늦게 받은 적도 있었습니다.

온 가족이 어려웠고,

그래서 양가 부모님의 도움을 받기도 하였습니다.

만일 1년간 급여가 안 나온다고 가정하면

도시민의 삶은 무너질 것입니다.

만일 I.M.F. 때처럼 급여가 반 만(1/2) 나온다면

많은 가정이 그렇지만 저자의 가정 역시

매우 힘이 들고 고통스러웠습니다.

특히 불경기로 인하여 월 소득이 1/2 또는 1/3밖에 안 된다면,

또 기간이 수년간 지속된다면

그 가정은 고통 속에서 벗어나기가 힘들 것입니다.

저자의 보험설계사 후반부가 그랬습니다.

우리는 머리로는 이해가 되면서도 가슴으로는 부정하는 것이 있습니다.

그중 하나가 현업에 있을 때 느끼는 퇴직입니다.

나도 언젠가는 퇴직하는 날이 오는 것을 알지만,

오늘도 퇴직한다는 사실을 가슴으로는 부정합니다.

영원히 돈을 벌 수 있다는 착각을 종종 하며

노후 준비를 소홀히 합니다.

현업에 있을 때 급여가 몇 달만 늦게 나와도 고통스럽습니다.

급여가 없는 생활이 30년이 된다고 생각해 보십시오.

정말 무서운 현실이 될 것입니다.

이것이 퇴직입니다.

I.M.F. 때의 직장인처럼 혹은 불경기로

보험설계사와 같은 프리랜서의 급여가 1/2 또는 2/3 절반 이상

줄어드는 생활이 1년 이상 된다고 가정해 보십시오.

정말 고통스러울 것입니다.

이런 고통이 30년 이상 된다고 가정해 보십시오.

그 고통이 상상이 되는지요?

이것이 퇴직입니다.

이것이 은퇴입니다.

그래서 우리는 돈을 벌 때, 건강할 때

노후 준비를 철저히 해야 하는 것입니다.

많은 사람은 지혜롭게 잘 준비하기도 하며,

다른 많은 사람은 준비하는 데 실패한 사람도 있습니다.

많은 사람은 퇴직 이후에 제2의 경제활동을 하고 있습니다.

퇴직 이전과 비교하면

소득이 1/2 또는 그 이상 줄어드는 것이 현실입니다.

그래도 매우 소중한 월급으로 100세 장수 시대를 준비하고 있습니다.

현직에 있을 때 받는 월급은 쥐꼬리 박봉이라고 하지만,

퇴직 이후에는 그 쥐꼬리 박봉이 엄청나게 많은 월급이 됩니다.

만일 30년간 월급이 없다고 가정한다면…

만일 30년간 월급이 1/2 또는 1/3밖에 안 된다면…

100세 장수 시대에는 지옥을 경험하게 될 것입니다.

이것이 퇴직입니다.

이것이 은퇴입니다.

그렇기에 노후 준비가 안 된 사람은 퇴직도 없고, 은퇴도 없습니다.

현업에 있을 때, 지금 돈을 벌고 있을 때, 내가 건강할 때,

소액 투자로 영원한 월급을 준비하면 어떻습니까?

영원한
월급

농사짓는 농경 사회에서는 1년에 월급이 2번 있었습니다.

보리 수확하고 1번, 쌀 수확하고 1번 이렇게 2번입니다.

요즘은 1년에 2번 월급을 만족하지 못하고,

농업으로 돈을 만들기 위해 다양하게 시도하고 있고,

여러 번 수확하는 농작물로 변신을 도모하기도 합니다.

그렇지만 여전히 사과, 배같이 1년에 1번 수확하는 품목이

많은 것도 현실입니다.

1년에 1번 또는 2번 받는 월급도

태풍이나 가뭄 등 기후 조건이 안 맞으면

1년 월급을 1번도 못 받는 사태가 벌어지는 것이 농업입니다.

그런 면에서 우리의 먹거리를 책임지는 농업 종사자는

참으로 고마운 존재입니다.

과거에는 국민 대다수의 부모님이셨고,

지금은 국민 대다수의 형제입니다.

이런 면에서 도시의 직장 생활은 훨씬 안정적입니다.

1년 12번은 적어도 월급을 받으니까요?

보너스나 성과급은 월급 받는 사람을 더 풍요롭게 만들고,

더 행복하게도 만듭니다.

이렇게 좋은 월급도 퇴직 앞에는 무용지물입니다.

인류는 늘 안정적인 삶을 추구해 왔습니다.

과거에는 상상도 못 할 월급이 퇴직 후에 받는 연금입니다.

하나는 개인 연금이고, 또 하나는 국민 연금입니다.

연금을 완벽하게 준비했다면

노후 생활 역시 완벽할 것입니다.

그럼에도 연금을 영원한 월급이라고 부르기에는

약간 부족함이 있습니다.

이렇게 좋은 연금도 자녀에게 상속되지 않고

부부의 노후 생활 월급으로 끝난다는 사실입니다.

내 노후 인생을 완벽하게 책임지는 연금은

현대 문명이 주는 축복임에는 틀림이 없습니다.

과거에는 효도라는 자녀 연금이 있지만,

지금은 자녀도 부모 세대보다 더 오래 살기에

자녀 연금은 이미 없어졌다고 보는 것이 맞습니다.

인류의 문명은 늘 안정화를 추구해 왔습니다.

인류가 현재까지 발견하고, 만들어진 월급 중에

가장 완벽하고, 영원한 월급은

부동산이 주는 월급(월세)이 최고입니다.

영원한 월급, 부동산 월세로

영원한 월급을 만들지 않을 이유가 없습니다.

지금이 바로 영원한 월급을 만들 때입니다.

가진 돈을 곶감처럼
빼먹지 말고 돈나무를 심자

은퇴한 사람은 돈을 목숨줄로 여기는 사람이 많습니다.

만일 5천만 원 있다면 얼마 동안 생활이 가능한지

저자는 자주 물어봅니다.

어떤 사람은 1년 또 어떤 사람은 10년이라고 대답을 하지만,

대다수는 3~5년이면 다 없어진다고 이야기합니다.

참고로 월 100만 원 사용한다면 5천만 원은

50개월 사용 가능한 돈입니다.

그럼 만일 1억 원이 있다면

대다수는 6~10년이면 없어진다고 합니다.

만일 1억을 수중에 가지고 있다고 해도

은퇴한 사람은 돈을 잘 안 쓰는 경향이 있습니다.

목숨줄과 같은 돈을 헤프게 쓸 수가 없는 것이지요.

그렇게 아껴 사용하여도 돈은 고갈되기 마련이고,

노후 대책으로 임시방책은 될 수가 있어도

근본적인 대책은 안 됩니다.

그래서 저자는 돈을 곶감처럼 아끼면서 빼먹지 말고

매월 월세라는 돈이 나오고, 월세가 오르면 자산이 커지는

돈나무를 심어보면 어떻습니까?

이런 제안을 자주 드립니다.

어떤 사람은 좋은 방법이라고 돈나무를 심는 사람도 있고,

어떤 사람은 참 좋은데 10년만 젊어도 할 것인데,

나이 탓을 하며 두려운 마음에 거절하는 사람도 있습니다.

이 책을 읽는 독자는 은퇴한 사람보다

돈을 버는 현업에 있는 사람이 많을 것입니다.

지금이 돈나무를 심을 가장 좋은 때입니다.

나중에 나이가 들고, 은퇴를 하면

지금보다 더 위축되기에 용기를 내기가 참으로 어렵습니다.

지금이 돈나무를 심을 때입니다.

투자의 적
- 공포

우리는 돈을 벌기 위해 투자를 합니다.

투자를 방해하는 요소는 많지만 그중 하나가 공포입니다.

사람은 아파트 투자와 주식 투자를 할 때

가격이 오르면 쫓아가는 경향이 있습니다.

빨리 쫓아간다면 수익을 낼 확률은 높지만,

확인을 오래 하고 너무 늦게 쫓아가는 경우가 문제입니다.

더 미루면 아파트를 못 살 것 같은 공포감이 듭니다.

주식 투자도 마찬가지입니다.

통상 못 살 것 같은 공포,

빨리 사야 할 것 같은 조급함이 들 때가

서민이 잡는 상투일 가능성이 농후합니다.

공포가 불러오는 결과는 터무니없이 비싼 가격에 사는 것입니다.

현재 대한민국 집값 하락의 부작용은

공포가 불러낸 비싼 가격에 구입한 결과물입니다.

상승장에만 공포가 있는 것이 아닙니다.

하락장에도 폭락 공포가 들 때는

가격 불문하고 먼저 던지는 경향이 있습니다.

사실 싸게 사야 하고 비싸게 팔아야 남는 장사이고 투자인데

그것을 거꾸로 만드는 요소가 서민이 갖는 공포입니다.

공포는 비싸게 구입하게 만들고, 싸게 팔기를 강요하여

서민을 쪽박 차게 만드는 하는 흉기로 돌변합니다.

지금은 부동산이 단기간에 폭락하였습니다.

인플레이션을 잡기 위한 미국발 금리 인상이 주요인이었습니다.

전쟁은 종식될 것이고, 금리도 점차 하락되고 있으며,

인플레이션 역시 완만하지만 잡힐 것입니다.

너무 심한 공포에 재산과 돈을 막 던지는 것보다는

지금은 참고 인내하는 시기입니다.

서민이 겪는 공포는 사람이 만들어내고,

언론이 키우는 경우가 많습니다.

투자의 적인 공포, 그것은 투자하는 사람은

반드시 극복해야 할 대상입니다.

금리와
부동산 가격

금리와 부동산 가격은 시소처럼 반대로 움직입니다.

금리가 올라가면 부동산 가격은 내려가고,

금리가 내려가면 부동산 가격은 올라갑니다.

놀이기구인 시소도 바로바로 반대 방향으로 움직이지 않습니다.

무게의 추가 움직일 때 비로소 반대 방향으로 움직입니다.

금리와 부동산 가격과의 관계도 시소처럼 움직입니다.

조금 더 자세히 설명하면 부동산 가격 상승 시에

금리가 오른다고 부동산 가격은 바로 하락하지 않습니다.

또한, 부동산 가격 하락 시에 금리가 내린다고

부동산 가격은 바로 오르지는 않습니다.

부동산 가격 상승 시 금리 인상이 지속되면 부동산 가격은

오르다가 어느 순간 가격이 안 오르는 순간이 옵니다.

그때부터 비로소 부동산 가격은 하락하기 시작합니다.

이와 반대로 부동산 가격 하락 시에 금리 인하가 시작되면

부동산 가격은 바로 오르지는 않습니다.

처음에는 하락의 폭이 줄어들고, 급매물이 소진되고,

거래량이 늘어가면서, 가격이 더 하락하지 않는 순간이 오면

그때부터 부동산 가격은 오릅니다.

그럼 2025년 1월 지금의 상황을 금리와 부동산 가격의 관계를

살펴보면 금리 인하가 시작되면 부동산 가격은

바로 오르지 않는 것이 정상입니다.

금리 인하가 지속되면서 어느 순간 사람 심리의 추가

움직여야 만 부동산 가격이 오르는 것이 정상입니다.

지금 대한민국은 2025년 1월은

2023년 1월 13일 3.5%에서 12번째 기준금리가 동결되었다가

금리 인하가 두 번 시작되었습니다. (현 기준금리 3.0%)

미국은 5.50%에서 7번째 기준금리가 동결되었다가

금리 인하가 3번 시작되었습니다. (현 기준금리 4.0~4.5%)

기준금리의 동결이 오랜 기간 지속되었다는 것은

부동산에서 더 이상 금리 인상이라는

악재가 소멸되었다는 것과 같습니다.

지금 대한민국에서 기준금리 인하가 시작되었습니다.

2025년 1월 이미 2번의 금리 인하가 되어 3.0%입니다.

금년 초부터 또 금리 인하가 예상됩니다.

금리 인하는 대세라는 것입니다.

부동산 경기가 살지 않고는 경제가 살아나기 힘든 것이

대한민국의 경제 구조입니다.

왜냐하면, 국민(가정)의 부는 70~80%가

부동산에 의해 좌우되기 때문입니다.

미국도 오랜 기간 기준금리 동결은

금리 인하의 힘을 비축한 것과 같기 때문입니다.

그 결과, 미국도 이미 3번의 기준금리 인하로

연 4.0%~4.5%가 되었습니다.

투자의 관점에서 현 상황을 살펴본다면

여유가 있는 사람은 급매물부터 시작하여

부동산을 매수하여도 좋다는 신호와 같습니다.

왜냐하면, 금리 인상이라는 악재가 소멸되었기에

기다리면 수익으로 보답하기 때문입니다.

자금의 여력이 없거나,

큰 수익을 원하는 사람의 부동산 투자 전략은

분양을 받으면 됩니다.

분양받은 부동산의 준공 시점에는 지금보다 확실하게 금리가

더 인하되기에 금리 인하의 수혜를 보게 됩니다.

금리 인하의 수혜는 부동산 가격의 상승이라는

큰 수익으로 보답하기 때문입니다.

대한민국이 미국보다 금리 인하의 파급 효과가 큰 것은

그만큼 오랜 시간 기준금리 동결을 통해

힘을 비축하였기 때문입니다.

주식 투자하는 사람으로 비교하면 금리 동결은

+ 도지 차트와 같습니다.

+ 도지 차트는 방향 전환과 힘의 비축 두 가지의 의미를

함축하고 있습니다.

오랜 기간 기준금리 동결은 힘을 많이 비축한 것과 같습니다.

그래서 부동산을 매수하고자 하는 상황에서는

더 이상 금리 인상의 악재가 없는 상황에서

금리 인하가 시작되었기에 호재만 있다고 보면 됩니다.

부동산을 매도해야 하는 상황에 있는 사람은

지금은 버텨야 하는 인내의 시간과도 같습니다.

부동산 분양하는 입장에서 기준금리 인하는

적극적으로 분양받아야 하는 호재와 같습니다.

왜냐하면, 건물이 완성되는 시점에는

금리 인하가 더 지속되기 때문입니다.

시소에서 배우는
투자 전략 1- 금리편

여러분은 시소를 언제 타 보셨는지요?

저자도 시소 놀이를 언제 했는지 하도 오래되어

기억이 가물가물합니다.

시소를 타며 놀던 그때가 그립습니다.

시소는 적어도 두 명 이상이 되어야 놀 수 있습니다.

시소의 원리는 단순합니다.

무조건 무게가 많은 쪽이 내려갑니다.

그래서 서로서로 교대로 힘을 빼면서 시소를 즐깁니다.

시소의 원리가 투자의 세계에서도 그대로 적용됩니다.

불과 몇 년 전에 하늘 높은 줄 모르고 오르기만 하던 부동산도

금리가 조금씩 올라가면서 어느 순간부터 부동산의 거래가

점점 줄어들었습니다.

그다음에는 부동산이 하락하기 시작하였고,

금리가 계속 오르고,

고금리가 유지되면서 부동산은 폭락하였습니다.

부동산은 하락하면 거래가 발생하지 않습니다.

내일은 더 싸게 살 수도 있다는

군중 심리가 숨어 있기 때문입니다.

다시 정리하면, 금리 인상의 힘이

부동산의 가격 상승 힘보다 더 큰 힘이 느껴지는 순간이

오기 전까지 부동산은 계속 올랐습니다.

금리 인상 도중에 어느 순간 부동산 거래가

대폭 줄어들 때가 옵니다.

이때가 부동산 매도 적기입니다.

금리 인상의 힘이 부동산 가격 상승의 힘보다 세질 때는

부동산 가격은 하락합니다.

지금은 금리 인하의 시기입니다.

금리의 힘이 점점 약해지고

부동산의 힘이 강해지면 어느 순간

무게의 추가 바뀌는 시점부터

부동산은 본격적으로 오를 것입니다.

부동산 가격이 오르기 전에 부동산 거래가

대폭 늘어나는 때가 있습니다.

이때가 부동산 투자 적기입니다.

금리의 인상과 금리 인하에 따른 부동산 가격 변화와

투자 전략을 시소로 비유해 설명하였습니다.

시소에서 배우는
투자 전략 2- 수요와 공급편

부동산 가격 변동에 시소의 원리가 적용되는 것이 또 있습니다.

그것은 바로 수요와 공급입니다.

지금 금융 회사의 PF 대출이 거의 안 되고 있습니다.

올스톱 수준입니다.

이는 건설 회사의 부동산 신규 공급 부족으로 이어집니다.

이는 2~3년 후 부동산 공급 부족에 따른

가격 폭등으로 이어질 것입니다.

거기에다 자재비 폭등 → 공사비 폭등 → 분양가 폭등 → 부동산

가격 폭등으로 이어집니다.

지금 자재비 인상에 따른 분양가 폭등은

미분양에 대한 두려움으로

건설 회사의 신규 분양을 더욱 위축시킬 것입니다.

이 공급 부족 악순환은 당분간 이어질 전망입니다.

부동산 공급과 부동산 수요라는 시소의 추가 옮겨 가는 순간부터

부동산 가격은 폭등과 폭락 사이를 오고 갈 것입니다.

부동산 가격이 오르기 시작하면

이번에는 오랜 시간 동안 지속될 전망입니다.

자재비 폭등에 따른 공사비 폭등은

분양가 폭등으로 이어져

미분양을 두려워한 건설 회사의 부동산 공급 축소와

PF 대출 승인의 급격한 축소까지 맞물려

건설 회사의 계속되는 부도로 인하여

부동산 공급이 급속도로 축소되기 때문입니다.

즉 부동산 공급 부족에 따른 부동산 가격 폭등은

우리 모두가 이미 수차례 경험한 것입니다.

부동산 가격이 오를 때 건설 회사는 비싼 가격으로 분양합니다.

분양이 잘됩니다.

부동산 가격이 오르는 것이 눈에 보일 때,

누구나 부동산을 갖고 싶을 때,

그때부터 건설 회사는 분양을 쏟아냅니다.

건설 회사가 분양을 쏟아 낼 때

우리는 조심해야 합니다.

준공되는 몇 년 후 공급이 과잉될 우려가 있기 때문입니다.

공급이 차고 넘치는 순간이 오면

지금처럼 또 부동산은 약세가 오는 것입니다.

수요와 공급에 대한 시소의 원리는

수요와 공급의 원리를 가장 쉽게 보여주는 도구입니다.

가격의 결정을 쉽게 알려주는 도구입니다.

수요와 공급에 대한 시소의 원리는

부동산에 투자할 것인가, 부동산을 매도할 것인가?

부동산 투자의 시기를 알려주는 좋은 도구가 되는 것입니다.

뉴스와
투자- 1

우리는 뉴스를 보면서 뉴스를 그냥 보고 듣는 사람과

투자와 연결하는 사람이 있습니다.

그냥 보고 듣는 사람은 뉴스 소비자이고,

그것을 투자와 연결하는 사람은 뉴스 투자자입니다.

금리 고점 상황에서 금리동결 뉴스가 나오면

부동산 분양 준비, 부동산 매수준비, 부동산 매도 & 신중 매도.

금리 인하 뉴스가 나오면

부동산 분양 시작, 부동산 매수 준비 & 신중 매수, 부동산 신중

매도 & 매도 금지.

금리 인하가 지속되면

부동산 적극 분양, 부동산 매수, 부동산 매도 금지.

금리 장기 인하가 지속되면

부동산 분양 신중. 부동산 매수 조심, 부동산 본격 매도.

제로금리가 도래하면

부동산 분양 절대 금지, 부동산 매수 금지 & 매수 조심, 부동산
본격 매도.

왜냐하면, 금리가 계속 하락하여 금리가 제로 금리 바닥이면

그 이후는 금리 인상만 남았기 때문입니다.

부동산은 이때가 상투이며, 최고점이기에

반드시 팔아야 할 시점입니다.

신규 투자할 때가 아닙니다.

이때 신규 투자하면 영끌족이 될 확률과

하우스 푸어가 될 가능성이 큽니다.

저금리 상황에서 금리 상승 시작 뉴스가 나오면

부동산 분양 신중, 부동산 매수, 부동산 신중 매도.

금리 인상이 되었다고 바로 부동산 경기가 죽지 않습니다.

투자 수익을 낼 시간을 충분히 줍니다.

금리 상승이 지속되면

부동산 분양 금지, 부동산 신중 매수 & 매수 금지, 부동산 매도.

금리 상승이 지속되어 고점이면

부동산 분양 금지, 부동산 매수 금지, 부동산 본격 매도.

금리 고점에서 금리 동결 뉴스가 나오면

부동산 분양 준비, 부동산 매수 금지, 부동산 매도.

금리 동결 지속 뉴스가 나오면

부동산 분양 준비 & 분양 시작, 부동산 매수 준비, 부동산 매도.

금리 인하가 시작되면

부동산 분양, 부동산 매수 준비 & 신중 매수, 부동산 매도 금지 & 신중 매도.

금리 인하가 지속되면

부동산 신중 분양, 부동산 매수, 부동산 매도 시작.

금리가 최저점이면

부동산 분양 절대 금지, 부동산 매수 금지, 부동산 본격 매도.

지금 영끌족이 힘들어 하는 것은

과거 제로금리로 인하여 부동산 가격이 최고로 비쌀 때,

즉 상투에 분양받거나 매수하였기 때문입니다.

이는 금리 인상으로 인한 부동산 하락과 폭락에

그대로 노출되었기에

금리 인상에 따른 이자 부담과 가격 하락에 따른

손실 가중으로 이중고를 겪기 때문입니다.

부동산 투자를 할 때

지금 금리 수준을 파악하는 것이 매우 중요합니다.

뉴스는 지금이 고금리인지 아니면 저금리인지를 알려줍니다.

또 '금리를 올릴 것인가? 동결할 것인가?

아니면 내릴 것인가?'를 알려줍니다.

상황에 맞게 대처하면 우리는 부동산으로

손실은 줄이고 큰 수익을 낼 수가 있습니다.

2025년 현재, 부채로 인하여 힘들어하는 사람은

매도보다는 인내해야 하는 시간입니다.

지금 매도한다면 투자할 준비가 된 사람에게

헐값에 살 기회를 주는 결과입니다.

금리와 부동산 가격은 거꾸로 움직입니다.

즉, 금리가 오르면 부동산은 하락하고,

금리가 내리면 부동산은 상승합니다.

지금 뉴스를 잘 살펴보면 투자의 답이 나옵니다.

뉴스와
투자- 2

여러분은 이 뉴스에서 어떤 생각이 나는지요?

PF 대출 축소, 미분양 증가, 건설 회사 부도,

이런 소식이 들릴 때는 경기 불황기입니다.

특히 건설 경기 불황입니다.

이럴 때 투자하는 사람은 없습니다.

그런데 말입니다.

연일 PF 대출이 안 된다는 뉴스와

미분양이 사상 최고치를 경신하고 있다는 뉴스와

연일 건설 회사의 부도 뉴스가 동시에 나온다면

투자의 상황은 달라집니다.

이는 향후 부동산 공급 부족과 공급 절벽으로 연결되어

부동산 폭등 가능성이 매우 크기 때문입니다.

이때부터 정부의 지원책이 나오기 시작합니다.

지원책은 시차를 두고 지원 효과가 나타납니다.

그래서 이때에는 매수가 아니라 분양이 답인 것입니다.

이때가 투자 심리가 최악이라서 급매물이 많이 쌓입니다.

투자 준비가 된 사람은, 즉 돈의 여유가 있는 사람은

부동산에 투자하여도 됩니다.

문제는 경제적 여력이 없거나, 돈이 적은 서민은

부동산 투자 엄두를 못 내고 있습니다.

이때 서민이 투자 가능한 형태는 목돈이 들어가는 매수가 아니라

할부로 1~3년 후 준공하는 부동산에 투자하는 분양이 답입니다.

부동산은 보통 대출을 활용하여 구입을 하거나, 분양을 받습니다.

그래서 부동산 투자는 자기 돈보다는

대출이라는 용기가 더 필요한 것입니다.

자기 돈을 다 가지고 부동산에 투자하는 사람은 극소수입니다.

부동산 매수의 원칙은 향후 오르는 부동산을,

지금 목돈을 주고, 현재가치 그 가격으로 사는 것이고,

부동산 분양의 원칙은 향후 오르는

부동산을, 적은 돈, 즉 할부로,

미래의 비싼 부동산을

오늘 할인하여 싸게 사는 것이

분양입니다.

저자가 만난
사람 이야기

저자가 만난 사람 중에 부동산으로 부자가 된 사람이 많습니다.

부동산은 빨리 시작할수록 큰돈을 버는 것이 부동산입니다.

나도 부자가 되고 싶다면

부동산 투자를 빨리하면 좋다는 이야기와 같습니다.

부동산으로 돈을 번 사람은

주식 투자를 안 하는 사람도 많습니다.

신경 쓰기도 싫고, 신경을 쓴다고 하여도

돈 벌기 어렵다는 것을 알기에 주식 투자를 안 합니다.

저자가 만난 사람 중에 가난한 사람도 많습니다.

가난한 사람은 사업 실패, 주식 투자 실패한 사람이 많습니다.

주식 투자를 안 해서 돈을 벌었다고 이야기한 사람도 있습니다.

왜냐하면, 대부분 주식 투자는 손실로 이어지기 때문입니다.

나도 가난해지고 싶다면 실력 없이 주식 투자하면 됩니다.

만일 주식 투자를 해야 한다면 오랜 시간 공부와 실력을 갖춘
후에 투자하여도 늦지 않는 것이 주식 투자입니다.

가난한 사람이 아쉬워하는 것은
돈이 있을 때 부동산 투자를 하지 않았다는 것입니다.

책을 통하여 부자로 만들고자 새마을운동을 하는 저자는
돈을 잃는 주식 도박 대신에
돈을 버는 부동산 투자를 강조하는 것입니다.

그것이 우리를 부자로 만들어 주는 길이라고 믿기 때문입니다.

저자가 만난 사람 중에 부동산 투자로 돈을 번 사람과
주식 투자로 돈을 잃은 사람의 많은 이야기였습니다.

물론 모든 사람의 이야기는 아닙니다만,
확률적으로 맞는 이야기입니다.

당신은 부동산 투자로 돈을 버는 사람입니까?

당신은 주식 투자로 돈을 잃는 사람입니까?

천하공부
출소림

혹시 무협지 좋아하는지요?

무협지에 보면 천하공부 출소림이라는 글귀가 많이 나옵니다.

이는 천하의 모든 무공은 소림사로부터 나왔다는 표현입니다.

무협지를 좋아하는 사람은 누구도 부정하지 않고 사용하는 상용

구입니다. 위기의 순간에 나타나는 소림사의 저력은 정파의 기둥

이기도 합니다.

정통 무협에서 소림사를 언급하지 않는 무협지는

단 한 권도 보지 못하였습니다.

그만큼 정통 무협에서 소림사가 차지하는 비중이 큰 것입니다.

투자대학교를 운영하는 저자는 무협지의 천하공부 출소림에

버금가는 한 문장이 없을까 고민해 보았습니다.

마침내 찾아냈습니다.

그것은 바로 "대한민국 부는 땅에서 나왔습니다."라는 것을
발견하였습니다.

지금 이 시대에 땅이란 것은 건물이 있는 것을 함축하기 때문에
"대한민국 부는 부동산에서 나왔습니다."라는 것이
더 정확한 표현입니다.

나라를 구성하는 3요소가 국토, 국민, 정부입니다.

대한민국을 예를 들면,

조선이 없어져도 땅과 백성이 남아 있었습니다.

유대인을 예를 들면, 2천 년간 정부도 없고,

백성은 세계 각지에 흩어져서 생존하였지만,

땅은 그 자리에 묵묵히 지키고 있습니다.

나라를 구성하는 최후의 보루가 바로 땅입니다.

생산의 3요소가 있습니다.

토지(땅)와 노동(사람)과 자본(돈)입니다.

여기에서도 반드시 토지가 들어갑니다.

나라를 이루는 국토,

생산의 3요소 토지,

결국은 땅이 모든 것의 시작입니다.

그래서 "대한민국의 부는 부동산에서 나왔습니다."라고
늘 이야기합니다.

땅 위에 나라가 있고,

땅 위에 기업이 있고,

땅 위에 장사하는 가게가 있고,

땅 위에 우리가 사는 집이 있습니다.

'천하공부 출소림'에 버금가는 진리,

"대한민국 부는 땅에서 나왔습니다.",

"대한민국 부는 부동산에 나왔습니다."

이것을 잊지 않고 실천한다면

당신은 이미 '부의 길'에 한발 진입한 것입니다.

쌀을 사는 사람과
금을 사는 사람

저자 아이들 돌 때 순금 돌 반지가 한돈 기준에

5만 원대 시절이 있었습니다.

지금은 60만 원 전후입니다.

우리가 사는 데 순금 돌 반지 가격이 5만 원대에서

60만 원 전후가 된 것이 문제가 될까요?

순금 돌 반지는 우리가 먹고사는 데 큰 영향이 없기에

별문제가 안 됩니다.

지금 좋은 쌀 10kg 가격이 5만 원대입니다.

품질이 낮거나, 오래된 안 좋은 쌀 20kg 가격이 5만 원대입니다.

만일 쌀의 가격이 순금 돌 반지 가격처럼

5만 원대에서 60만 원 전후가 된다면 별문제가 없을까요?

문제가 있지요?

그것도 큰 문제입니다.

대규모 반정부 시위나 폭동이 일어날 것입니다.

실제로 그런 일이 발생하였습니다.

2010년 밀가루 폭등으로 유발된 빵 가격 폭등은

중동과 북아프리카의 여러 나라에서 대규모 반정부 시위와

폭동으로 정권이 바뀐 사례가 있었습니다.

그래서 식량의 가격은 늘 안정화 정책을 펴는 것이

모든 나라의 정책입니다.

먹고사는 것이 인류의 역사에서 가장 중요하고,

가장 큰 문제이기 때문입니다.

순금 돌 반지 가격은 먹고 사는 것과 직결되지는 않기에

쌀 가격처럼 민감하게 반응하지 않지만,

먹고 사는 것이 문제인 쌀 가격은 늘 예민할 수밖에 없습니다.

투자의 세계에서도 쌀처럼 필수적인 것이 있습니다.

바로 집입니다.

아파트입니다.

5억 원 하는 아파트가 갑자기 10억이 될 때 정권이 바뀌었고,

10억 원 하는 아파트가 갑자기 20억이 될 때

또 정권이 바뀌었습니다.

여러분도 어느 대통령을 말하는지 알 것입니다.

밀가루 폭등, 빵값 폭등이 부른 아랍의 봄 때

정권이 교체된 것처럼 대한민국도 아파트 가격 폭등이

정권 교체를 만들었습니다.

아파트로 대표하는 집은

쌀처럼 먹고 사는 것과 직결되기 때문입니다.

이해하기 쉽게 비유적으로 설명하면

경부고속도로에 있는 버스 전용 차선과 비슷한 개념이

부동산에 있어서 아파트라는 존재입니다.

투자의 세계에서 먹고 사는 상품에 투자하면

안전성은 어느 정도 있지만,

금 투자처럼 큰돈을 벌지는 못합니다.

아파트는 부동산계의 쌀과 같은 존재입니다.

그래서 역대 정권은 쌀값 안정화 정책을 하듯이

아파트 가격 안정화에 집중하였습니다.

진짜 투자는 금처럼 먹고 사는 것과 별 상관없는

비거주용 상품으로 승부를 걸어야 큰 수익이 가능합니다.

지주와
소작농

농경 사회에는 지주와 소작농이 있었습니다.

소작농은 먹고살기 위해서 열심히 일합니다.

먹고 살면 다행인 것이 소작농입니다.

그래서 저축을 한다는 것은 꿈을 꿀 수가 없는 것입니다.

지주를 위해 열심히 일하는 것이 소작농입니다.

그럼에도 소작농의 목숨줄은 지주가 쥐고 있었습니다.

특히 흉년이 되면 지주가 갖는 목숨줄의 의존도는 더 심했습니다.

그런 막대한 지위를 가진 지주도

농경 사회를 벗어난 지금은 사라졌습니다.

농민은 더 이상 지주에게 목숨줄을 의지할 필요가 없게 되었습니다.

다양하게 목숨줄을 이어갈 수단이 생겼기 때문입니다.

시대가 바뀐 현대에는 지주도 사라졌습니다.

그럼에도 지금 현대 사회에서 지주와 가장 비슷한 존재가 있습니다.

바로 건물주입니다.

세입자는 먹고살기 위하여 열심히 일하지만,

반은 건물주를 위해서 일한다고 하여도 거짓은 아닙니다.

세입자의 위치는 장사가 잘되면, 돈도 모으고

저축도 할 수 있다는 점에서 과거의 소작농은 아닙니다.

같은 돈을 가지고 지주처럼 사는 사람이 있습니다.

같은 돈을 가지고 소작농처럼 사는 사람이 있습니다.

같은 돈을 가지고 지주처럼 사는 사람은

대출을 활용하여 월세를 받는 사람입니다.

대출 이자는 부담하지만 자산 가치를 올리는 사람입니다.

같은 돈을 가지고 소작농처럼 사는 사람은 전세를 사는 사람입니다.

월세를 사는 사람입니다.

오르는 전세 보증금을 마련하기 위해 열심히 저축하는 사람입니다.

오르는 월세를 지불하기 위해 열심히 일하는 사람입니다.

건물주에게 열심히 월세를 내는 사람입니다.

시간이 갈수록 보증금의 가치 하락으로

자산 가치에 손실을 보는 사람입니다.

같은 돈을 가지고 지주처럼 살 것인가?

아니면 소작농처럼 살 것인가는 본인이 선택합니다.

그 비밀은 대출에 있습니다.

그래서 부동산은 용기가 필요합니다.

결단이 필요합니다.

용기가 없다면 부동산으로 돈 벌기는 포기해야 합니다.

자라 보고 놀란 가슴
솥뚜껑 보고 놀란다

많은 사람은 자라 보고 놀란 가슴

솥뚜껑 보고도 놀라는 현상이 있습니다.

그래서 속담이 되었습니다.

그런데 자라는 자라고, 솥뚜껑은 솥뚜껑입니다.

그런데 왜 많은 사람은 자라 보고 놀랐다고

왜 솥뚜껑 보고 놀랄까요?

그리고 그런 속담이 생길까요?

우리 조상의 속담에는 지혜가 숨어 있습니다.

자라 보고 놀랐다고 솥뚜껑 보고 놀라면 안 된다고

경고하고 있습니다.

과거의 잘못으로 인해 계속 웅크리고 있어서는

안 된다고 말하고 있습니다.

사람이 발전하기 위해서는 과거의 투자 실패에서 벗어나야 합니다.

과거의 실패에서 벗어나지 못한 어리석음을

이런 속담을 통해 경계하는 것입니다.

속담이 주는 교훈처럼 과거의 실패에서 벗어나지 못한다면

돈을 벌 기회도 놓치고

돈을 지킬 기회도 놓칠 수가 있습니다.

자라는 자라고, 솥뚜껑은 솥뚜껑입니다.

그래야 다음에 성공 투자를 할 수가 있습니다.

구더기 무서워
장 못 담글까?

장이 필요하면 구더기가 무서워도 장을 담가야 합니다.

우리 조상은 단 한 번도 구더기에 져서

장을 못 담은 역사가 없습니다.

장은 그 집안의 가장 기본적인 양념이고

가장 중요한 반찬이기 때문입니다.

100세 장수 시대인 지금은 무엇이 예전의 장과 같이

가장 기본적이면서 가장 중요할까요?

아마도 월급이 아닐까요?

월급이 없다면 일부 극소수를 제외하고는

대한민국의 가정은 대부분 무너질 것입니다.

그렇게 좋은 월급도 나이가 들어가면서

언젠가는 퇴직이라는 과정이 반드시 옵니다.

그렇고 보니 그렇게 좋은 월급도 기본적이지만,

퇴직 앞에서는 완벽한 월급이 되지 못합니다.

완벽하지 못한 월급을 보완한 것이 두 번째 월급인 연금입니다.

두 번째 월급인 연금으로 남은 노후를 보내는 것이 일반적입니다.

이렇게 보완이 잘된 연금도 물가 상승을 감안하면

조금 부족할 수가 있습니다.

특히 국민연금은 고갈의 염려가 있습니다.

연금은 본인과 배우자에게만 혜택이 있습니다.

그렇기에 자녀는 취직하여 받는 월급으로

퇴직 이후의 연금 받는 생활을 다시 준비해야 합니다.

내 노후도 보장되고 자녀에게 도움이 되는 월급이 없을까요?

찾아보면 있습니다.

그것은 바로 부동산 월세라는 월급입니다.

부동산 월세는 월급입니다.

부동산 월세는 연금입니다.

부동산 월세는 자녀에게 상속되는 또 다른 월급입니다.

그래서 부동산 월세는 예전의 장처럼

가장 기본적이면서도 가장 중요한 월급이 되었습니다.

부동산 월세 역시 구더기를 무서워하면 안 됩니다.

부동산 월세에서 가장 무서운 구더기 같은 존재가 바로 공실입니다.

위치가 좋다면 몇 달 공실은 염두에 두고

투자해야 한다는 것입니다.

100% 공실이 없는 곳만 투자하겠다고 하면

영원히 투자를 못 합니다.

왜냐하면, 투자의 세계에서는 100%가 없습니다.

500배 정도 오른 압구정 현대아파트도

때때로 가격이 하락했습니다.

그때를 참았기에 수익을 끝까지 누릴 수가 있는 것입니다.

수익이 보인다면 공실에 너무 매달리면 안 됩니다.

이것은 위치만 좋다면

건물 준공 때 나오는 몇 달 간의 공실과

경기 불황으로 오는 약간의 가격 하락을 감수해야 합니다.

구더기가 무서워

장 담그는 것을 포기하면 안 된다는 것과 같은 이야기입니다.

돌다리를 두들겨
보고 건너라

모든 일을 할 때 조심하라는 이야기입니다.

요즘은 특히 투자할 때 많이 쓰는 말이기도 합니다.

주식 투자에는 맞는 말인지는 몰라도

부동산에는 맞지 않는 경우가 참으로 많습니다.

당신보다 훨씬 똑똑한 현대와 삼성 같은 믿을 수 있는

탑 브랜드 회사에서 검토 후 시행하는 사업이라면

믿고 투자해도 되지 않나요?

탑 브랜드 회사에서 손해 볼 사업을 할까요?

탑 브랜드에서 만일 미분양이 난다면

탑 브랜드 회사의 브랜드와 이미지는 엄청난 손실을 봅니다.

돈으로 환산할 수 없는 상처가 발생합니다.

그러니 탑 브랜드에서 분양하면 그냥 숟가락 하나 들고

따라다니면서 돈을 벌면 얼마나 쉬울까요?

역세권 투자라면 더욱 믿고 해도 되지 않나요?

국가 사업은 더 안전하니 무조건 투자하면 되지요.

본인이 돌다리를 두들기면 답이 나오나요?

답이 뻔하지만 하나로 귀결됩니다.

검토해 봤지만 이번에는 투자를 못 하겠어!

도대체 무엇을 검토했는지를 모르겠습니다.

그리고 시간이 지나면 그때 투자를 해야 했는데….

못해서 아쉽다고 후회하는 것이

서민의 모습이고 가난한 사람의 모습입니다.

또 돌다리를 너무 많이 두들겨서

그래 투자하기로 결심하고 투자한 사람은

너무 늦은 투자로 비싼 가격으로 투자하기도 하며

경우에 따라 상투에 투자하는 경우도 많습니다.

돌다리를 두들기며 하는 투자, 때때로 부동산 투자에서

돈 벌 기회를 놓치는 투자가 될 수도 있습니다.

경우에 따라 영끌족이 되거나

하우스 푸어가 되는 투자로

큰 손실을 볼 수가 있습니다.

하나님과
거지

한 거지가 있었습니다. 거지는 하나님께 로또 1등에 당첨되게 해 달라고 매일 기도하였습니다. 하나님은 거지의 기도가 가상하여 거지의 기도를 들어 주기로 마음먹었습니다.

거지는 로또 1등 당첨되게 해 달고 오늘도 기도하고 있습니다.

하나님께서 거지의 기도가 귀찮아지기 시작하였습니다.

하나님께서 더 이상 참지 못할 정도로 거지의 기도가 계속되자 하나님께서 열 받아 큰소리쳤습니다.

"야! 이 거지야,

나는 10년 전에 너의 기도를 들어 주기로 작정하였다.

제발 로또 사고 기도하여라.

이 거지야,

로또도 사지 않고 로또 1등에 당첨되기를 바라는

거지 근성은 언제 버릴 것이냐?"

그러자 거지가 하나님께 하는 말이 "그러니까 거지이지요."

로또 사고 기도하면 벌써 거지 신세는 벗어났겠지요.

저자는 거지가 가지고 있는 거지 근성 비슷한 것을

종종 사람에게서 발견하곤 합니다.

특히 가난한 사람에게 더 자주 발견합니다.

가난한 사람은 부자가 되기를 늘 원하고 또 기도하기도 합니다.

그런데 거지처럼 노력은 안 하면서 기도만 합니다.

그러니까 지금도 가난에서 벗어나지 못하고

가난하게 사는 것입니다.

투자 공부나 노력을 하기보다는

손쉽게 대박을 꿈꾸다가 사기를 당하기도 합니다.

아니면 누군가가 큰돈을 벌 수 있다는 말에 속아

불량 코인에 투자하여 돈을 잃기도 하고

또 이상한 네트워크를 통해 돈을 잃기도 합니다.

가난한 사람이 부자 되는 길은

돈을 모으는 것에서 시작해야 합니다.

돈을 모으는 것도 중요하지만,

돈을 지키는 능력을 먼저 키워야 합니다.

돈을 모으는 것은 어렵지만,

돈을 지키지 못하여 빼앗기거나 잃는 것은 한순간입니다.

그다음이 투자 실력을 키우는 것입니다.

돈을 지키지 못하면 투자할 기회가 영원히 박탈당하기 때문입니다.

왜냐하면, 가난한 사람은 멘토 등

다른 사람의 도움을 받을 기회가

부자보다 훨씬 적기 때문에 돈을 쉽게 잃습니다.

돈을 지킬 능력이 떨어집니다.

그런데 가난한 사람은 착하기도 하고, 또 귀도 얇습니다.

그래서 돈도 잘 빌려주고, 사기도 잘 당하는 것입니다.

가난한 사람은 다른 사람의 도움을 받을 기회가 희박하기에

더 열심히 투자 공부를 해야 하는 것입니다.

그럼에도 불구하고 투자 공부를 안 하는 것은

거지가 로또 구입도 하지 않고

로또 1등에 당첨되게 해 달라고

하나님께 기도하는 거지의 기도와 별 차이가 없습니다.

나의
이야기인가요?

부동산에 관심이 없어요.

부동산에 관심 없는 사람이 왜 돈을 벌기 위해

그렇게 열심히 일을 합니까?

열심히 돈을 벌고,

저축을 하면 부자가 될 수 있다고 생각합니까?

그리고 부자가 되었는지요?

또 지금처럼 은퇴도 없고,

퇴직도 없이 영원히 현직에 있는 것처럼

계속 돈을 벌 수 있다고 생각합니까?

대한민국 부는 부동산에서 나온 것을 모릅니까?

10년만 젊어도 부동산 투자를 하겠는데,

지금은 나이가 많아서 못 하겠다고 합니다.

그런데 그 이야기는 10년 전에도 했습니다.

그리고 또 시간이 지나고 보면 10년 전에 그 집을,

그 부동산을 사야 했는데 또 후회하실 것입니다.

그런 후회를 가난한 사람일수록 많이 합니다.

만일 그때 부동산을 샀다고 가정하면

지금의 재산은 얼마나 되었는지 계산을 해 보았는지요?

계산도 안 하였겠지요?

계산을 하면 마음만 아플 것입니다.

후회는 안 되었는지요?

또 본인이 부동산 투자를 안 한 잘못된 선택을 쉽게 잊겠지요?

그리고 그와 같은 상황이 온다면

또다시 그런 실수를 반복하겠지요?

용기가 없어서 못 하겠다고 합니다.

그래서 남편, 아내, 자녀에게 물어보고 하겠다고 합니다.

그리고 시간이 지나고 세월이 흐른 후

강남에 투자하지 못한 많은 강북 사람이

부동산으로 큰돈을 버는 기회를 놓치고

왜 그때 반대만 안 했으면

우리도 부자가 되는데 왜 반대를 하였는지 따지니까?

그렇게 좋으면 그때 본인이 투자하면 되지

왜 본인이 투자를 안 하고,

나에게 왜 책임을 전가하는데,

지금도 싸우고 있는지요?

숨 쉬는 것도 물어보고 숨을 쉬나요?

자본주의 사회에서 인플레이션은

숨을 쉬는 것처럼 자연스럽고 당연한 것입니다.

부동산이 오르는 것은 이처럼 자연스럽고 당연한 것입니다.

돈이 없어서 못 하겠다고 말합니다.

언제는 돈이 다 준비되어서 집을 샀고, 차를 구입하셨습니까?

필요에 의해서 구입을 하였고,

또 당연하다고 느꼈기에 그렇게 구입한 것이 아닌가요?

또 항상 돈이 없었나요?

언젠가 돈이 있을 때는 무엇을 하였나요?

또, 그 돈을 지켰나요?

아니면 주식 투자나 기타 빌려주거나, 사기를 당하거나,

기타 다른 이유로 돈을 잃어버리지는 않았나요?

이런 사람은 다 가난한 사람의 특징입니다.

그래서 가장 일하기 힘든 사람은 알리바바의 창업자 마윈은

가난한 사람이라고 단정 지어 말했습니다.

혹시 당신은 가난한 사람입니까?

생각이 가난한 사람은 구제 불능입니다.

부정적인 사람은 힘이 듭니다.

부동산은 오를 이유 하나만 있어도 오르는 것이 부동산입니다.

부정적인 사람은 오를 이유 100개는 생각하지 않고,

안 오를 이유 하나를 찾다가 세월만 낭비합니다.

그래서 가난합니다.

나도 가난한 사람인가요?

사람은 생각만큼
지혜롭지 못할 때가 많습니다

사람은 배우면 배울수록 지식과 함께 지혜가 쌓여야 합니다.

그렇지만 지식이 쌓일수록 지혜가 쌓이는 사람도 있지만,

지혜를 잃어가는 사람도 있습니다.

그 이유가 무엇일까요?

학력이 높을수록 주식 투자하는 사람의 비율도 높아집니다.

개인이 주식 투자로 돈을 버는 확률은

우리는 10% 정도라고 알고 있습니다.

또 그렇게 믿고 있습니다.

다른 말로 표현한다면 돈을 잃을 확률은 90%라는 이야기입니다.

그럼에도 왜 우리는 주식 투자로 돈을 벌고자 힘을 쓸까요?

확률로는 돈을 잃을 것이 뻔한 것임에도 불구하고

왜 주식 투자로 돈을 벌고자 진을 빼면서 노력할까요?

그 근간에는 다른 사람은 돈을 잃을지라도

나는 돈을 벌 수 있다는 오만이 깔려 있지 않을까요?

그 오만은 많이 배울수록, 학력이 높을수록

오만도 따라 커지면서 나타나는 부작용이 아닐까요?

그래서 저자는 많은 사람을 만나면서

또 나의 행동을 살펴보면서 사람은 생각만큼

지혜로운 행동 대신 종종 후회하는 삶을

사는 존재라는 것을 깨닫습니다.

그런 깨달음이 책으로, 속담으로, 충고로, 잔소리로

우리에게 교훈을 주고 있는 것입니다.

대표적인 것이 "땅에 돈을 묻어라.",

"땅은 배신하지 않는다.",

요즘 말로 표현한다면

"돈이 되는 부동산에 투자하라."라는 속담입니다.

"또 주식 투자하면 패가망신한다."

이 말은 주식은 도박과 같아서 주식 투자하는 순간

패가망신하는 것을 우리에게 속담으로 알려주는 것입니다.

그럼에도 우리는 돈이 되는 부동산 투자는 귀를 막고,

돈을 잃는 도박 같은 주식 투자는 귀를 열려고 노력할까요?

이는 돈을 빨리 벌고자 하는 욕심과

돈을 더 많이 벌고자 하는 탐욕에 눈이 멀어 까막눈이 되면서

정작 돈이 되는 부동산은 멀리하게 되고,

그나마 어렵게 모은 재산도 주식 투자로

돈을 잃는 어리석은 행동을 하게 되는 것입니다.

사람은 생각만큼 지혜롭지 못할 때가 있습니다.

그 근간이 되는 오만을 경계하는 것이

피와 같고 목숨 같은 재산을 지키는 길입니다.

다른 사람이 실패한 길은 나도 실패할 확률이 높습니다.

보통은 그 길을 가지 않는 것이 최선입니다.

만일 그 길을 간다면 그 실패를 딛고 일어설 정도로

공부가 되어야 하고 또 실력을 키워야 합니다.

그렇지 않고는 나는 다른 사람과 달라서

돈을 벌 수 있다고 생각하는 것 자체가 오만입니다.

그 오만은 우리를 패가망신의 길로 안내할 것입니다.

가장 대표적인 것이 주식 도박입니다.

주식 투자로 돈을 버는 사람만이 주식 투자입니다.

나머지는 다 주식 도박입니다.

합법적 주식 도박은 불법적 도박보다 더 넓게,

더 크게 우리의 삶을 좀 먹을 것입니다.

왜냐하면, 주식 투자는 합법이라서

주식 투자를 제어할 수단이 없기 때문이다.

이는 본인이 하는 행동이 주식 투자가 아니라

주식 도박이라고 자각하는 것뿐입니다.

본인이 주식 도박이라고 깨닫는 순간은

본인이 가지고 있는 피 같은 돈을

다 잃어봐야 비로소 깨닫습니다.

그만큼 위험한 것이 주식 도박입니다.

내가 위험한 주식 투자로 돈을 벌 것인가?

내가 안전한 부동산 투자로 돈을 벌 것인가?

그 선택이 당신의 운명을 좌우할 것입니다.

자녀의 운명까지 좌우할 것입니다.

사람은 생각보다 지혜롭지 못합니다.

그 근간이 되는 오만을 경계하지 못한다면

우리는 늘 패가망신 당할 수가 있습니다.

사람은 생각만큼 지혜롭지 못할 때가 많습니다.

이때를 조심하고 경계해야만,

돈을 벌 수가 있고, 부자가 될 수도 있습니다.

부를 이루는 부동산도
비빌 언덕이 필요하다

대한민국 중산층이 세계에서 가장 탄탄하게

형성될 때가 있었습니다.

그렇게 탄탄한 중산층도 IMF를 겪으면서 해체되어 갔습니다.

10년 뒤, 서브 프라임 모기지 사태를 겪으면서

중산층 해체는 가속화되었습니다.

무엇이 한때 세계에서 가장 탄탄한 중산층을 만들었을까요?

그것은 바로 부모가 도와준 전세 자금이라고 생각합니다.

소도 비빌 언덕이 필요하다는 말이 있습니다.

사람도 동물도 혼자서는 살아갈 수 없다는 것을

우리 조상이 남긴 속담이 정확하게 요약해서 말하고 있습니다.

사람도 자립할 때 누군가의 비빌 언덕이 반드시 필요합니다.

자녀가 결혼할 때 부모님이 도와주는 전세 자금은

자녀가 독립하여 자리를 잡는 데

비빌 언덕 역할을 충분히 하였습니다.

전세 자금은 조금만 돈을 보태면 집을 살 수 있는

매우 중요한 결정적 자금입니다.

지금도 많은 부모는 자녀 전세 자금 마련을 위해

노력하고 있습니다.

집값이 폭등하였습니다.

집값이 폭등하면 전세 자금도 따라서 폭등하였습니다.

지금 전세 자금 마련하기가 쉽지 않습니다.

일부 부모는 살고 있는 집의 대출을 활용하여

자녀 전세 자금을 도와주고 있는 것이 현실입니다.

부모 역시 저축만으로는 전세 자금 마련이 쉽지 않다는

이야기이기도 합니다.

그런 면에서 좋은 부동산(아파트)은 나에게는 역모기지가

가능하게 하여 노후의 비빌 언덕이 되기도 하고,

자녀에게는 부동산 대출을 통해 전세 자금이라는

총알을 마련해 주는 비빌 언덕이 되기도 합니다.

부를 이루는 부동산도 비빌 언덕이 필요합니다.

부동산 정책의
온탕과 냉탕

언론에서 정부의 부동산 정책이 온탕과 냉탕을 왔다 갔다 한다고
비난하는 뉴스나 기사를 자주 봅니다.

정부의 부동산 정책이 일관성이 없다고 말하는 것이 요지입니다.

나쁜 뜻으로 말한 것은 아니지만,

사실은 나쁜 뉴스이고 나쁜 기사입니다.

뜨거운 탕 속에 계속 있으면 화상에 노출되고 심하면 화상 입습
니다. 너무 차가운 곳에 계속 있으면 감기에 노출되고 감기에 걸
리기도 합니다.

일관성 있게 탕 속의 온도를 유지한다면 뜨거운 탕 속에서는 화
상 환자도 속출하고, 차가운 냉탕 속에서는 감기 환자가 속출하
는 것입니다. 그래서 목욕탕 관리하는 사람은 수시로 물의 온도
를 체크하는 것입니다.

이것이 올바른 목욕탕 물 관리입니다. 부동산 대책도 이와 같이
온탕과 냉탕을 왔다 갔다 해야 경제가 건강합니다.

너무 과열되면 찬물을 붓는 것처럼 규제책도 펼치고,

너무 냉각되면 뜨거운 물을 붓는 것처럼 지원책을 내놓습니다.

여기가 바로 부동산 투자의 맥점이 숨어 있습니다.

냉탕에 뜨거운 물을 넣어도 금방 따뜻해지지 않습니다.

부동산 경기가 냉각되면 정부의 정책은

처음에는 언 발에 오줌 누기가 되지만,

시간이 갈수록 따뜻한 물이 되는 것처럼

부동산 경기도 살아납니다.

이때가 부동산 투자의 맥점입니다.

뜨거운 탕에 찬물을 넣어도 금방 차가워지지 않습니다.

부동산 경기가 과열되면 정부의 많은 규제 정책은

아무런 효과가 없습니다.

그러나 규제에 규제가 합해질수록 규제의 효과가 나타납니다.

마치 시간이 갈수록 차가운 물이 되는 것처럼

부동산 급격히 식습니다.

이때가 부동산 매도할 때입니다.

그래서 부동산 투자는

정부의 부동산 대책을

유심히 살펴보아야 합니다.

정부의 부동산 온탕과 냉탕 대책은

부동산 시장의 건강을 위해서도 필요하지만,

투자자의 입장에서도 잘 활용해야 하는 정책입니다.

불로 소득은
없다

가난한 사람과 서민은 임대 소득을 받는 사람을 보며

불로 소득을 받는다고 시기하면서도 부러워합니다.

저자는 말합니다.

"세상에 불로 소득은 없다."

왜 저자는 "불로 소득은 없다."라고 말할까요?

지금은 일을 안 해도 부동산 월세, 작곡가나 가수의 인세 등

불로 소득이 맞습니다만,

가난한 사람과 서민이 말하는 불로 소득은

그냥 누가 나에게 공짜로 주나요?

공짜로 불로 소득을 주는 사람은 단 한 명도 없습니다.

그래서 세상에 불로 소득은 없습니다.

가난한 사람과 서민이 불로 소득이라고 말하는 것은

불로 소득을 받는 결과만 보고 말한 것입니다.

그 사람이 불로 소득을 만들기까지의 과정을 생각한다면

도저히 나올 수가 없는 말이

"너는 불로 소득이 있어서 좋겠다."란 것입니다.

내가 먹을 것 다 먹고, 입을 것 다 입고,

돈으로 소비하는 즐거움을 다 누릴 때,

그 사람은 먹을 것 아끼고, 입을 옷 아껴서,

소비하는 즐거움 대신 돈을 모으는 즐거움으로,

소비가 주는 즐거움을 포기하고

소비하는 즐거움 대신 오는 고통을

돈을 모으는 즐거움으로 이긴 사람입니다.

그리고 결정적으로 그 돈과 대출을 활용하여

용기를 내어 돈이 되는 부동산에 투자한 것입니다.

작곡가나 가수는 밤낮으로 고민한 흔적의 결과로

고통에서 나온 작품입니다.

우리는 결과만 보면 안 됩니다.

힘든 과정이 있기에 그 사람은

불로 소득을 누릴 자격이 있는 것입니다.

이 사람이 누리는 불로 소득은

가난한 사람이나 서민이 말하는 불로 소득이 아니라

소비를 줄이는 고통 소득이고

대출을 일으켜 투자한 용기 소득입니다.

작곡가나 가수 등은 밤낮으로 노력하고 고민한 고통 소득입니다.

그래서 저자는 "불로 소득은 없다."라고 이야기하는 것입니다.

그럼 부모를 잘 만난 사람인 금수저를 불로 소득자라고

가난한 사람과 서민은 말합니다.

그 과정 역시 마찬가지입니다.

그들 부모 역시 누구보다도 열심히 일한 결과물입니다.

누가 아산 정주영 회장을 금수저라고 말하는 사람은 아무도 없습니다. 소작농의 아들로 태어나, 소 판 돈을 가지고 누구보다 열심히 일한 대가가 오늘의 범현대그룹입니다.

아들이나 손자 등 그 후손은

아산 정주영 회장의 덕을 보는 것은 당연한 것 아닙니까?

사실 아산 정주영 회장의 덕을 본 것은 양으로 음으로 따지면

대한민국 전 국민이 많은 혜택을 누렸지요?

아들이나 손자도 아산 정주영 회장처럼

열심히 일하는 것은 사실입니다.

열심히 일하는 사람에게 '금수저'란 말 자체가 욕입니다.

세상에는 불로 소득은 없습니다.

내가 젊었을 때 노력한 대가입니다.

내 노력으로 불로 소득을 만들지 못하였는데

불로 소득이 있다면 그것은 부모님이 그만큼 더 열심히

일한 혜택을 자손인 내가 누리는 것입니다.

거꾸로 이야기하면,

내가 젊을 때,

내가 월급 받을 때,

내가 건강할 때,

내 신용이 좋을 때

나도 불로 소득을 만들어야 한다는 것입니다.

그러면 그 소득은 소비를 줄인 고통 소득이고,

용기를 내어 투자한 용기 소득이 됩니다.

작곡가나 가수 등은 밤낮으로 고민하고,

노력한 고통 소득인 것입니다.

내가 그 혜택을 누리다가 내 자녀가 받아서 누리는 소득이 됩니다.

결코 불로 소득이 아니라 부모님의 피와 땀의 결과를

자녀가 이어받아 누리는 소득으로

부모님을 생각하면서 감사한 마음으로 누리면 됩니다.

세상에는 불로 소득은 없습니다.

불로 소득 과정에는 누군가의 피와 땀이 있습니다.

당신이 불로 소득의 주인공이 되었으면 좋겠습니다.

블로 소득을 거꾸로 생각하면

누구나 일을 하지 못하고, 돈을 벌지 못하는 때가 옵니다.

지금이 그때를 대비하는 불로 소득을 만들 때입니다.

부동산도
조기 교육이 필요하다

조기 교육은 많은 분야에서 이루어지고 있습니다.

영어 조기 교육을 위한 영어 유치원과 어린이 영어 학원, 자녀의 감성과 어릴 때 배워야 하는 교육으로 미술 학원, 피아노 학원, 체력과 생존을 위한 태권도 학원과 수영 교육, 어릴 때 배우지 않으면 성인이 되어서는 직장 생활로 인한 시간적 제한과, 가정을 꾸려가는 관계로 생기는 비용적 제한 때문에 성인이 되어서 배우기 힘든 교육일수록 어릴 때 배워야 합니다.

그래서 지금 50대~60대 이상의 사람은 받지 못한 조기 교육을 40대 이하의 사람은 기본적으로 여러 개 조기 교육을 받고 자랐고, 지금 어린이도 여러 개 조기 교육을 받으면서 자라고 있습니다.

부동산에도 조기 교육이 있었습니다.

누가 가르쳐준 것은 아닌데 도시에서 자란 사람은

어릴 때부터 성인이 되는 과정에서

옆 동네 비닐하우스촌이 헐리면서 아파트촌으로 바뀌고,

옆 동네 낡은 달동네가 헐리면서 대단지 아파트촌으로 바뀌고,

도시를 벗어난 논과 밭이 아파트촌과 신도시로 바뀌는 것을

눈으로 보고, 자란 도시 사람은

부동산 조기 교육이 저절로 된 것입니다.

부동산 교육을 누가 가르쳐 주지도 않았는데 조기 교육이

된 것은 그만큼 눈으로 본 정보가 많았다는 것입니다.

어릴 때 도시에서 자란 사람과 어릴 때 시골에서 자란 사람이

나중에 같은 대학교를 졸업하고 같은 회사에 다녀도

도시 출신이 시골 출신보다 부를 이루는 평균 속도가 빠른 것은

부동산 조기 교육의 영향이라고 저자는 생각합니다.

그래서 부동산도 조기 교육이 필요합니다.

그 이유는 대한민국 부는 부동산에서 나왔습니다.

또 대한민국 국민 대부분의 부가 부동산에 몰려 있습니다.

부동산은 조기 교육일수록 부동산 투자 교육의 효과가

매우 크기 때문입니다.

10년만 일찍 부동산을 알고, 부동
산에 눈을 뜨면, 부동산에 입문하
면 내 재산이 2배로 커지는 마법을
일으키는 것이 바로 부동산입니다.

말 많은
삼성전자의 투자 전략

많은 사람이 삼성전자 걱정을 합니다.

저자는 말합니다.

삼성전자는 잘 있으니 당신 걱정만 하면 됩니다.

저자 책에서 삼성전자의 주인은 누구일까요?

라는 제목으로 삼성전자의 투자 전략을 언급하였습니다.

그리고 외국인이 삼성전자의 가격을 결정하는 주인이라고 했습니다.

삼성전자의 주인인 외국인이 살 때 따라 사면

삼성전자 투자에 성공하고,

삼성전자의 주인인 외국인이 팔 때 따라 팔면

삼성전자의 투자에 실패가 없습니다.

국내 증권사가 10만 전자, 12만 전자를 외칠 때 삼성전자의 주인인

외국인은 삼성전자 주식을 팔았습니다.

9만 전자일 때도 삼성전자 주식을 팔았습니다.

8만 전자일 때도 삼성전자 주식을 팔았습니다.

7만 전자일 때도 삼성전자 주식을 팔았습니다.

6만 전자일 때도 삼성전자 주식을 팔았습니다.

지금도 외국인이 팔고 있는 5만 전자, 6만 전자 시대의

삼성전자 투자 전략을 말씀드립니다.

돈이 많고, 기다릴 수 있는 사람은

마음 놓고 투자를 하여도 됩니다.

돈은 적지만 기다릴 수 있는 사람은

역시 마음 놓고 투자를 하여도 됩니다.

직장인은 월급을 받으면 적립식으로

마음 편하게 투자하여도 됩니다.

빠른 수익을 원하는 사람은 외국인이 살 때를 기다리면 됩니다.

삼성전자 주식 투자 참 쉽죠?

그럼 외국인이 파는 이때에 삼성전자 투자를 해도 좋다고

왜 이야기할까요?

지금 5만 전자, 6만 전자의 가격은 하방 지지력이 매우 강합니다.

쉽게 이야기하면 삼성 전가의 주가가 하락하면 10,000원 이내이고,

삼성전자의 주가가 상승하면

30,000원~40,000원까지 수익이 열려 있습니다.

즉 삼성전자 주식으로 돈을 적게 잃고,

많은 수익을 낼 구간이라는 것입니다.

저자는 주식 투자하는 많은 사람이

삼성전자 주식으로 돈을 벌기를 원합니다.

삼성전자 주식으로 손실을 안 보길 원합니다.

그리고 주식 투자로 손실을 보는 사람은

주식 투자를 하지 않았으면 좋겠습니다.

주식 투자로 손실을 보는 것도 습관입니다.

저자는 책을 통하여 부자 만드는 새마을운동을 하고 있습니다.

지식산업센터(지산)는
대한민국의 미래

지식산업센터가 대한민국의 미래라고 표현한 것이 너무 거창한가요?

거창하게 느낄 수가 있지만 사실입니다.

지식산업센터는 벤처 기업과 창업 기업 붐을 일으킬 도구입니다.

삼성그룹이 로봇 산업에 투자한 것 아시죠?

LG그룹, 두산그룹, 현대그룹 기타 그룹 줄줄이

로봇 산업에 뛰어들었고, 또 뛰어들 준비를 하고 있습니다.

무엇이 로봇 산업에 뛰어들까요?

로봇 산업은 바로 미래 산업이기 때문입니다.

미래 산업 로봇 산업이 주는 긍정적 효과는 매우 큽니다.

로봇 산업의 성장은 고용 측면에서

불이익 받을 가능성이 매우 큽니다.

로봇 산업의 성장으로 인한 고용의 불이익을

흡수하는 장치가 바로 창업입니다.

창업은 2가지 측면에서 큰 기여를 할 것입니다.

첫째는 창업은 셀프 고용이면서

신규 고용을 촉발할 가능성이 있습니다.

두 번째는 창업은 아이디어의 보물 같은 공간이 될 것입니다.

삼성그룹과 현대그룹 등 거대 그룹이 모든 아이디어를 내고,

대한민국 경제를 끌고 가기에는 한계가 있습니다.

그룹은 조직으로 움직이고 성장하는 곳입니다.

아이디어로 움직이고 성장하기에는 한계가 있기에

지금도 태어나는 유니콘 같은 기업은 창업에서 시작됩니다.

그 공간이 지식산업센터가 될 것입니다.

중소기업과 창업자에게 가장 저렴하게, 가장 많은 돈을

대출하는 공간은 지식산업센터밖에는 없기 때문입니다.

지식산업센터는 아이디어를 가진 창업자, 기술력이 있는 기술자

등 대한민국 경제의 가장 밑바닥 풀뿌리 역할을 담당할 것입니다.

여기서 나무가 자라고, 숲이 되어서,

대한민국 먹거리를 책임질

많은 유니콘 같은 기업이 탄생하기를 축복합니다.

그래서 지식산업센터(지산)는 대한민국의 미래라고 이야기합니다.

임대 사업 하고는 싶은데
어떻게 시작할지 막막하다면

소액으로 가능한 임대 사업, 공실 없는 기숙사로 도전해 보세요.

우리나라는 동남아 국가에서 소위 '꿈을 이루러 오는 나라'입니다.

예전에 세계 각국이 미국으로 아메리카 드림을 꿈꾸며 가듯이

지금 대한민국이 꿈을 이루는 코리아 드림국이 되었습니다.

외국인 근로자를 채용하는 입장에서 기숙사는

외국 근로자에게 최고의 복지가 됩니다.

그래서 수도권 기숙사는 공실이 별로 없습니다.

오히려 대기하는 수요가 있습니다.

더군다나 기숙사는 소액으로 투자 가능합니다.

원룸이나 오피스텔보다 장점은 사람이 이사 가는 빈도가

훨씬 적어 중개사 수수료(복비)가 적게 나갑니다.

다른 표현으로는 사람 손이 적게 간다는 이야기입니다.

피곤하게 신경 쓸 일이 원룸과 오피스텔보다 적다는 이야기입니다.

기업에서 월세를 받기에 개인에게 받는 것보다 편리합니다.

기숙사는 안전한 투자이기에 한 번 재미를 본 사람은

계속 늘려갑니다.

임대 사업으로 하기에 자금 부담이 매우 적습니다.

그래서 소액 투자가 가능합니다.

다른 원룸이나 오피스텔 대비 많은 대출로 자금 부담이 적습니다.

기숙사 임대 사업은 배후 수요가 풍부한지 그것만 살펴보면 됩니다.

주택이 아닙니다.

그래서 주택처럼 규제가 없습니다.

수출로 먹고사는
나라 대한민국

대한민국은 수출로 먹고사는 나라입니다.

과거 박정희 대통령 때부터 현재와 그리고 미래

역시 대한민국은 수출로 먹고살 것입니다.

수출로 먹고살기에 가장 중요한 경부고속도로, 부산항, 평택항,

인천항이 바로 수출의 전진 기지입니다.

수출의 전진 기지 옆에는 기업이 많이 포진되어 있습니다.

그중에서도 경기 남부는 수출의 전진 기지 역할을

톡톡히 하고 있습니다.

대한민국을 먹여 살릴 K-반도체 역시 수출의 길목인

경기 남부를 벗어날 수 없습니다.

기업이 많은 곳에는 당연히 부동산 가격도 많이 오릅니다.

부동산 투자를 염두에 둔다면

경기 남부는 중요한 투자 맥점이 될 것입니다.

사람이 몰려오면 부동산 가격은 오릅니다.

기업이 몰려온다면 부동산 가격은 폭등합니다.

사람도 몰려오고, 기업도 몰려오는 곳을 찾아 투자한다면

부동산 투자는 성공만 할 것입니다.

더군다나 경기 남부는 GTX 수혜까지 덤으로 볼 것입니다.

이보다 좋은 투자처를 찾아보기 힘들 것입니다.

그럼에도 불구하고 서울에 비해 아직도 저평가된 곳이

많이 있습니다.

잘 찾으면 그런 곳이 보일 것입니다.

돈이 보일 것입니다.

돈이 보이면 머뭇거리지 말고 빨리 줍기를 바랍니다.

수출로 먹고사는 나라 대한민국, 부동산 투자의 중심은

경기도 남부 지역입니다.

출발선이
다르다면

우리가 초등학교 100미터 달리기 경주를 하면

같은 출발선에서 출발합니다.

누군가 10미터 앞에서 출발한다는 것은 있을 수가 없는 일입니다.

출발선이 다르다는 것은 달리기 시합에서

도저히 받아들일 수가 없는 불합리한 경쟁이기 때문입니다.

그런데 살다 보니 사회에서는 100미터 달리기 경주처럼

공평한 것도 많이 있지만, 불합리하고 불공정한 것도 많습니다.

공평한 것은 하루 24시간 같습니다.

공기는 누구나 공평하게 누립니다.

빈손으로 태어나 빈손으로 죽습니다.

너무나 많은 것은 공평하게 주어집니다.

불평등한 것도 많습니다.

불합리한 것도 많습니다.

특히 투자의 세계에서는 불평등 천국입니다.

권투처럼 체급을 맞추어 주식 투자가 가능하다면

개인도 주식 투자로 수익을 볼 수가 있을 것입니다.

그것이 불가능한 것이 주식 투자를 비롯한 투자의 세계입니다.

이런 강자 틈바구니에서 나약하고 나약한 개인이

돈을 벌고자 발버둥을 칩니다.

용을 씁니다.

그리고 돈을 잃습니다.

또 돈을 잃습니다.

계속 돈을 잃습니다.

이것이 개인이 투자하는 주식 시장입니다.

가진 무기가 다르고 시작하는 출발선이 다릅니다.

어떤 사람은 10미터 앞에,

어떤 사람은 30미터 앞에,

어떤 사람은 50미터 앞에,

어떤 사람은 90미터 앞에,

또 어떤 사람은 99미터 앞에서

출발하는 것이 주식 시장입니다.

시작하는 순간 승부는 이미 결정되어 있습니다.

이제는 비싼 아파트 가격으로 인해 부동산에서도

자녀의 출발선이 다르게 시작되고 있습니다.

우리 부모 세대는 6 · 25 전쟁 이후 허허벌판 빈손으로

출발한 출발선이 같다면

지금 세대는 부동산 출발선이

다르게 시작되고 있습니다.

자가 아파트로 시작되는 사람,

전세로 시작되는 사람,

월세로 시작되는 사람,

부동산 출발선이 동일하지가 않습니다.

부동산 출발에 큰 도움을 주고자 자녀에게 아파트를

증여하는 부모도 많습니다.

부동산 출발을 도움 주고자 자녀에게 아파트 전세를

도와주는 부모도 많습니다.

어쩔 수 없는 상황으로 월세에서 시작하는 사람도 많습니다.

부모가 가진 부동산은

역모기지를 통한 노후의 버팀목이 되기도 하고,

자녀의 인생에 전세라는 유리한 출발점을 만들어 주는

도구이기도 합니다.

내 삶의 버팀목이자 자녀의 디딤돌인 부동산 투자

안 할 이유가 없습니다.

용기를 안 낼 이유가 없습니다.

전쟁의 양상을
바꾸는 무기- 드론

전쟁에는 돈이 많이 듭니다.

2022. 2. 24. 러시아의 침공으로 인한

우크라이나의 반격 전쟁이 지금 3년째 계속되고 있습니다.

3~6개월 안에 러시아의 승리로 전쟁이 끝날 것으로 예상하고

러시아는 우크라이나를 침략하였습니다.

우크라이나는 미국을 필두로 한 서방의 도움과

국민의 항전으로 3년간 러시아와의 전쟁을 계속하고 있습니다.

우크라이나가 러시아를 괴롭히는 무기가 있습니다.

바로 드론입니다.

겨우 수백만 원 하는 드론 공격으로 수백억 원 하는 헬기를

비롯한 각종 무기와 탱크, 그리고 시설을 파괴하고 있습니다.

드론 격추는 생각보다 쉽지 않으며, 또 드론 격추는

생각보다 많은 비용이 발생합니다.

사실 드론이라는 무기는 가난한 나라의 전략 무기입니다.

강대국의 무기는 전투기를 비롯한 미사일 등

고비용 무기가 대부분입니다.

고비용 강대국의 무기를 값싼 드론으로 파괴하는 것을 보면서

드론의 미래는 밝고 그 활용 범위는 무궁무진하여

주식 투자하는 사람은 드론 산업에 관심을 가질 분야겠구나 하는

생각이 들었습니다.

부동산 투자도 드론처럼 저비용으로 소액으로

투자 가능한 상품이 있습니다.

이런 상품은 거의 대부분 차익형 부동산이 아니라

수익형 부동산으로 매월 부동산 월세라는 월급을

투자자에게 돌려줍니다.

마치 드론처럼 저비용을 투자하여 고효율 효과를 누리기에

서민이 투자하기에 좋은 부동산이라 생각됩니다.

돈 버는 일에
집중하자

우리는 돈 벌기 위해 직장 생활을 열심히 합니다.

물론 사명감으로 일하는 사람도 있습니다.

사명감이 우선으로 일하는 사람도 있지만,

돈을 벌기 위해 열심히 일한다는 사실은 변함이 없습니다.

사업도 마찬가지입니다.

돈 벌기 위해 사업하는 사람도 있고,

사업보국이라는 사명감을 가지고 사업하는 사람도 있습니다.

백수가 과로사한다는 말이 있습니다.

실속 없이 바쁘기만 하는 사람이 해당됩니다.

기업가는 골프를 칠 때도 비즈니스를 염두에 두고

골프를 즐깁니다.

술자리도 비즈니스를 염두에 두고 술자리를 즐깁니다.

식사 자리도 마찬가지입니다.

이런 점에서 우리는 기업가의 행동에서 배워야 합니다.

우리도 돈 버는 데 좀 더 집중해야 한다는 것입니다.

서민이 가장 돈 벌기 쉬운 종목이 부동산 투자입니다.

부동산 투자는 단 하루만 투자해도

본인의 수년 연봉 이상을 버는 기적의 상품이기도 하고

때때로 운명을 바꾸기도 하는 상품이기도 합니다.

이런 돈 버는 일에 시간을 조금 더 투자한다면

우리는 부자가 될 수도 있고,

노후는 편안해질 수도 있습니다.

대한민국의 부는 부동산에서 나왔습니다.

늘 열심히 일하고, 늘 바쁘게 일하면서

모은 돈이 없고, 노후 준비가 안 되었고

부자가 아니라면

그것은 돈 버는 부동산에 관심을 갖지 않고

돈 버는 부동산에 투자하지 않은 잘못입니다.

지금이라도 백수처럼 실속 없는 일에 투입하는 시간을

조금만 줄인다면

우리는 돈 버는 일에 조금 더 투자할 수가 있습니다.

그러면 누구나 부자가 될 수도 있습니다.

일상의
행복

우리에게 누군가 행복하다고 묻는다면 "네 행복합니다."

즉시 답하는 사람이 얼마나 있을까요?

사실 우리는 행복을 못 느끼고 살았습니다.

특히 일상의 행복을 못 느끼고 살았습니다.

그런 면에서 코로나가 우리에게 많은 일상의 기쁨과 즐거움을

빼앗아 갔고, 심지어는 생명까지 빼앗은 나쁜 존재이지만,

우리에게 준 선물도 있습니다.

그것은 바로 일상이 행복하다는 것입니다.

우리가 마음대로 외출하고, 우리가 마음대로 식당에서 모여서

밥을 먹고, 우리가 마음대로 사람을 만나고, 마음대로 여행 가는

이 모든 일상이 참으로 행복하게 느껴지게 만든 주체가

참으로 나쁜 코로나였습니다.

어떤 나라는 전쟁으로 일상의 행복과

목숨을 빼앗기는 나라도 있습니다.

일상이 그대로 유지된다는 것이 행복한 일이었다는 것은

미운 코로나, 나쁜 코로나가 준 선물이었습니다.

또 있습니다.

'힘들어서 못 다니겠다. 그만 퇴직하겠다.' 하면서 다니는 직장도

우리가 퇴직하면 참으로 고마운 존재임을 깨닫습니다.

일도 일이지만 월급이 주는 기쁨과 행복을

직장에 다니면 잘 모릅니다.

매월 받는 월급이 일상이 되면서

그 고마움을 우리는 잊고 사는 존재입니다.

퇴직하면 깨닫는 소중한 월급,

퇴직 후에도 월급을 받으면 얼마나 좋을까요?

월급을 다시 받는다는 것은 현실적으로 취직을 해야 합니다.

쉬운 일이 아닌 사람이 많습니다.

퇴직 시점에 있는 돈을 활용하면

소액으로 가능한 부동산 월급(월세)을 받는 일은

다시 취직하는 것보다 훨씬 쉽습니다.

부동산 월급은 나이가 많다는 이유로

월급이 삭감되는 임금 피크도 없고,

나이가 많다는 이유로 퇴직을 강요당하는 일도 없으며,

오히려 나이가 들수록 부동산 월급(월세)은 오르면서
자산 가치도 올라가고,
나중에는 자녀에게 부동산 월급을 상속할 수도 있습니다.
월급이 주는 일상의 행복, 퇴직 후에는, 아니 퇴직 전이라도
부동산 월급으로 준비해 보세요.
월급 받는 일상의 행복이 영원할 것입니다.

부자가 될 기회가
점점 줄어들고 있습니다

돈을 벌 기회가 점점 줄어들고 있습니다.

따라서 부자가 될 기회도 점점 줄어들고 있습니다.

예전과 비교하면 정규직이 점점 사라지고 있습니다.

정규직으로 돈을 벌 기회가 갈수록 줄어들고 있고, 비정규직의 증

가는 돈을 모을 기회가 정규직보다 더 많이 줄어들고 있습니다.

또 변호사를 예를 들면

과거 300~400명씩 배출하던 고시 시대가 없어지고,

로스쿨 시대가 되면서 한 해에 배출되는 변호사 수가

약 2,000명에 육박하고 있습니다.

갈수록 경쟁이 치열할 수밖에 없습니다.

인구의 감소는 모든 성장을 가로막고 있습니다.

부동산 역시 예외가 아닙니다.

이미 지방부터 시작되고 있습니다.

그래서 다들 서울을 비롯한 수도권으로

부동산 투자를 집중하고 있습니다.

수도권 투자의 핵심이 바로 역세권입니다.

다행스러운 것은 아직도 부동산 투자는 먹을 곳이 많다는 것입니다.

아직도 부동산 투자로 먹을 곳이 많은 이때에,

부동산 투자에 관심을 갖지 않고

부동산 투자를 하지 않는다면

대체 무엇으로 돈을 벌고

100세 장수 시대 노후를 준비하겠습니까?

앞으로는 부동산 투자로 수익을 내기가 점점 어려워집니다.

그래서 지금이 부동산 투자의 적기입니다.